THE IDOLM@STER
CINDERELLA GIRLS

VISUAL FAN BOOK

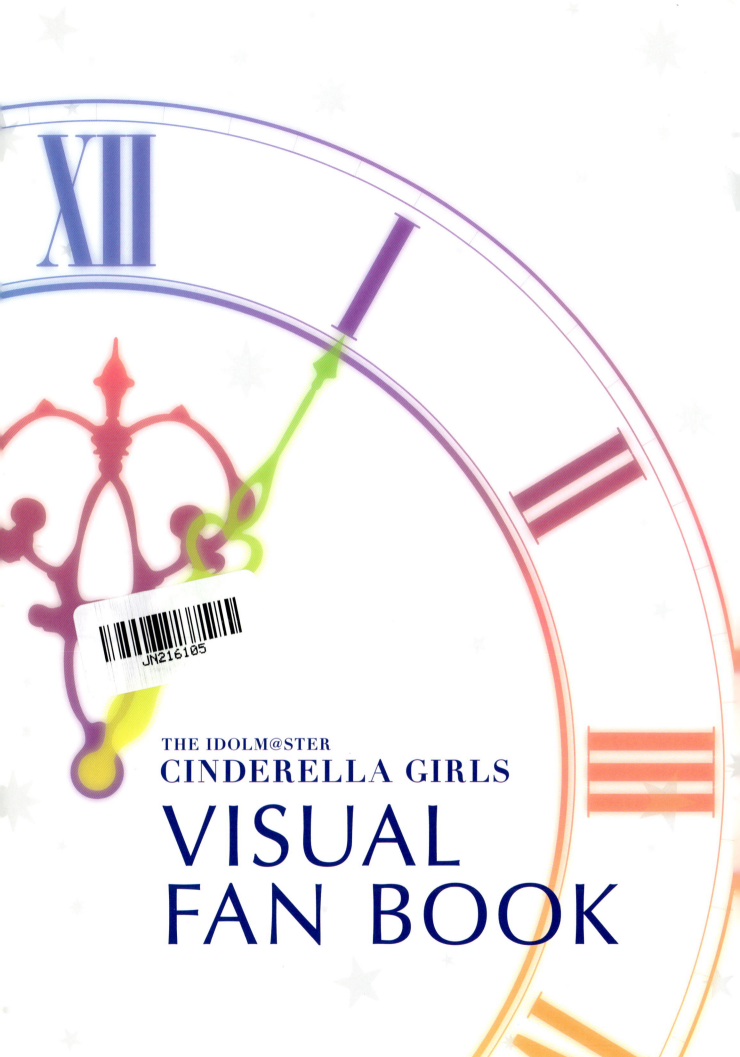

CONTENTS

THE IDOLM@STER CINDERELLA GIRLS VISUAL FAN BOOK

ArtWorks
THE IDOLM@STER
CINDERELLA GIRLS
VISUAL
FAN BOOK

Blu-ray&DVD Jacket

1

2nd SEASONのキービジュアルは、第24話放送後に針が12を越え、卯月が笑顔になった

ECOMMENDS
IMAGE
J-POP RANKING

Thank You
Fight!!

Roc
OF
MI

渋谷
神谷

LOTTERIA
LOTTERIA
うづき

MACHI café
MACHI café

OACIO
2440373346.
税抜
税込
MR
MC
GT

LAWSON
THE IDOLM@STER
CINDERELLA
GIRLS
× LAWSON

SUMMER FESTIV@L
346

H@PPY NEW YE@R★
2016
謹賀新年

Original Illustration

Jacket

Jacket

Original Illustration

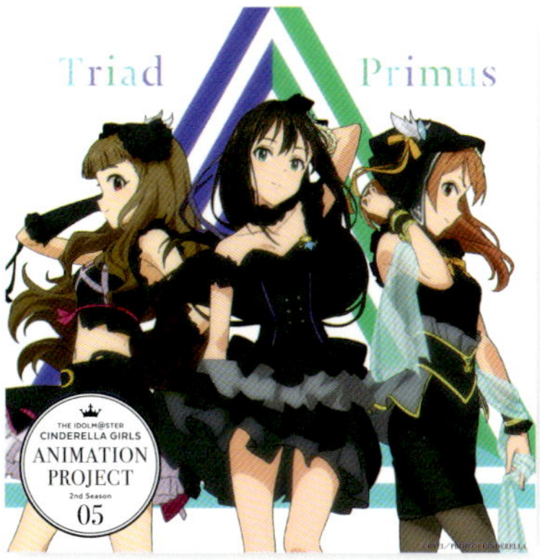

Jacket

Original Illustration

Jacket

Original Illustration

祝 御出演
generation 様
ご出演
様へ
祝 御出演
CANDY ISLAND 様
Rosenburg

THE IDOLM@STER
CINDERELLA GIRLS
ANIMATION
PROJECT
2nd Season
07
M@GIC☆

Jacket

First appearance & Staff list

015

1st SEASON キービジュアル

レイアウト：田中裕介
クリンナップ：植村淳・川妻智美
仕上げ：横田明日香
特効：久保田彩（グラフィニカ）
フィニッシュワーク：佐久間悠也
監修：松尾祐輔

016-017

2nd SEASON キービジュアル

原画：赤井俊文
仕上げ：横田明日香
背景：スタジオ・イースター
特効：久保田彩（グラフィニカ）
フィニッシュワーク：佐久間悠也
監修：高雄統子、松尾祐輔

018-019

-ANIMATION FIRST SET- ジャケット

原画：河野恵美
仕上げ：横田明日香
特効：久保田彩（グラフィニカ）、平野桃子（グラフィニカ）
フィニッシュワーク：佐久間悠也

021

キービジュアル "CUTE"

原画：松尾祐輔
仕上げ：中島和子
背景：薄井久代
フィニッシュワーク：佐久間悠也

022

キービジュアル "Cool"

原画：松尾祐輔
仕上げ：A-1 Pictures
背景：杉浦美穂（スタジオ・イースター）
フィニッシュワーク：佐久間悠也

023

キービジュアル "Passion"

原画：松尾祐輔
仕上げ：中島和子
背景：杉浦美穂（スタジオ・イースター）
フィニッシュワーク：佐久間悠也

024-028

Summer Festiv@l 2015 TOKYO&OSAKA
パンフレット

原画：赤井俊文
仕上げ：横田明日香
特効：久保田彩（グラフィニカ）
フィニッシュワーク：佐久間悠也
監修：松尾祐輔

029

spoon.2Di vol.4 表紙

原画：河野恵美
仕上げ：森田真由
背景：杉浦美穂（スタジオ・イースター）
特効：久保田彩（グラフィニカ）
フィニッシュワーク：佐久間悠也

030

メガミマガジン 2014 年 6 月号表紙

原画：田中裕介
仕上げ：中島和子
フィニッシュワーク：久保田彩（グラフィニカ）

031

ニュータイプ 2015 年 5 月号表紙

原画：赤井俊文
仕上げ：横田明日香
特効：久保田彩（グラフィニカ）
フィニッシュワーク：佐久間悠也

004

Blu-ray & DVD 第 1 巻ジャケット

イラスト：松尾祐輔

005

Blu-ray & DVD 第 2 巻ジャケット

イラスト：松尾祐輔

006

Blu-ray & DVD 第 3 巻ジャケット

イラスト：松尾祐輔

007

Blu-ray & DVD 第 4 巻ジャケット

イラスト：松尾祐輔

008

Blu-ray & DVD 第 5 巻ジャケット

イラスト：松尾祐輔

009

Blu-ray & DVD 第 6 巻ジャケット

イラスト：松尾祐輔

010

Blu-ray & DVD 第 7 巻ジャケット

イラスト：松尾祐輔

011

Blu-ray & DVD 第 8 巻ジャケット

イラスト：松尾祐輔

012-013

Blu-ray & DVD 第 9 巻ジャケット

イラスト：松尾祐輔

014

ティザービジュアル

イラスト：松尾祐輔

048-
049

ニュータイプ 2015年9月号

原画：福地友樹
仕上げ：横田明日香
背景：小高猛
特効：山田可奈子
フィニッシュワーク：佐久間悠也

050-
051

ニュータイプ 2015年10月号

原画：安野将人
仕上げ：横田明日香
特効：久保田彩（グラフィニカ）

052-
053

ニュータイプ 2015年12月号

原画：赤井俊文
仕上げ：横田明日香
特効：石橋啓（旭プロダクション）
フィニッシュワーク：佐久間悠也

054

メガミマガジン 2015年2月号ピンナップ

原画：川妻智美
仕上げ：横田明日香
フィニッシュワーク：久保田彩（グラフィニカ）

055

リアル346プロ「東急ハンズの舞踏会」キャンペーン

原画：赤井俊文
仕上げ：横田明日香
特効：久保田彩（グラフィニカ）

056

ロッテリア×Newtype コラボレーションキャンペーン
A賞タペストリー

原画：油屋陽介
仕上げ：渡部侑子
フィニッシュワーク：久保田彩（グラフィニカ）

057

ローソンコラボレーションキャンペーン
安部菜々

原画：松浦麻衣
仕上げ：横田明日香
フィニッシュワーク：久保田彩（グラフィニカ）

058

リアル346プロ「アニメWalker」
東京ウォーカー27年12月・28年1月合併号

原画：田中裕介
仕上げ：横田明日香
特効：久保田彩（グラフィニカ）

059

リアル346プロ「日商簿記区分改定ナビゲーター」

原画：赤井俊文
仕上げ：横田明日香
特効：久保田彩（グラフィニカ）
フィニッシュワーク：佐久間悠也

060

ローソンコラボレーションキャンペーン

原画：松浦麻衣
仕上げ：横田明日香
背景：杉浦美穂（スタジオ・イースター）
フィニッシュワーク：久保田彩（グラフィニカ）

061

ローソン装飾店舗キャンペーン

イラスト：Layup

032

ニュータイプ 2014年8月号

原画：田中裕介
仕上げ：中島和子
フィニッシュワーク：久保田彩（グラフィニカ）、
平野桃子（グラフィニカ）

033

ニュータイプ 2014年9月号

原画：山田有慶
仕上げ：森田真由
フィニッシュワーク：久保田彩（グラフィニカ）、
平野桃子（グラフィニカ）

034

ニュータイプ 2014年10月号

原画：林勇雄
仕上げ：森田真由
フィニッシュワーク：久保田彩（グラフィニカ）、
緒方郁子（グラフィニカ）

035

ニュータイプ 2014年11月号

原画：赤井俊文
仕上げ：横田明日香
フィニッシュワーク：久保田彩（グラフィニカ）、
緒方郁子（グラフィニカ）

036

ニュータイプ 2014年12月号

原画：河野恵美
仕上げ：横田明日香
フィニッシュワーク：久保田彩（グラフィニカ）、
平野桃子（グラフィニカ）

037

ニュータイプ 2015年1月号

原画：長町英樹
仕上げ：横田明日香
フィニッシュワーク：久保田彩（グラフィニカ）、
平野桃子（グラフィニカ）

038-
039

ニュータイプ 2014年12月号

原画：植村淳
仕上げ：横田明日香
背景：杉浦美穂（スタジオ・イースター）
フィニッシュワーク：久保田彩（グラフィニカ）

040-
041

ニュータイプ 2015年1月号

原画：安野将人
仕上げ：森田真由
背景：杉浦美穂（スタジオ・イースター）
フィニッシュワーク：久保田彩（グラフィニカ）

042-
043

ニュータイプ 2015年2月号

原画：福地友樹
仕上げ：横田明日香
背景：杉浦美穂（スタジオ・イースター）
フィニッシュワーク：久保田彩（グラフィニカ）

044-
045

ニュータイプ 2015年3月号

原画：黒木美幸
仕上げ：森田真由
背景：杉浦美穂（スタジオ・イースター）
フィニッシュワーク：久保田彩（グラフィニカ）

046-
047

ニュータイプ 2015年4月号

原画：安野将人
仕上げ：森田真由
フィニッシュワーク：久保田彩（グラフィニカ）

067

THE IDOLM@STER CINDERELLA GIRLS ANIMATION PROJECT 06
「Ø ω Øver!!」ジャケット

原画：赤井俊文
仕上げ：横田明日香
特効：久保田彩（グラフィニカ）
フィニッシュワーク：佐久間悠也

067

THE IDOLM@STER CINDERELLA GIRLS ANIMATION PROJECT 07
「できたて Evo! Revo! Generation!」ジャケット

イラスト：A-1 Pictures

068

THE IDOLM@STER CINDERELLA GIRLS ANIMATION PROJECT 08
「GOIN'!!!」ジャケット

イラスト：A-1 Pictures

069

THE IDOLM@STER CINDERELLA GIRLS ANIMATION PROJECT 2nd Season 01
「Shine!!」ジャケット

イラスト：A-1 Pictures

069

THE IDOLM@STER CINDERELLA GIRLS ANIMATION PROJECT 2nd Season 02
「私色ギフト ＆ Heart Voice」ジャケット

イラスト：A-1 Pictures

069

THE IDOLM@STER CINDERELLA GIRLS ANIMATION PROJECT 2nd Season 03
「Wonder goes on!! ＆ Rockin' Emotion」ジャケット

イラスト：A-1 Pictures

069

THE IDOLM@STER CINDERELLA GIRLS ANIMATION PROJECT 2nd Season 04
「この空の下 ＆ Ø ω Øver!! -Heart Beat Version-」ジャケット

イラスト：A-1 Pictures

069

THE IDOLM@STER CINDERELLA GIRLS ANIMATION PROJECT 2nd Season 05
「Trancing Pulse ＆ Nebula Sky」ジャケット

イラスト：A-1 Pictures

070

THE IDOLM@STER CINDERELLA GIRLS ANIMATION PROJECT 2nd Season 06
「new generations」ジャケット

イラスト：A-1 Pictures

071

THE IDOLM@STER CINDERELLA GIRLS ANIMATION PROJECT 2nd Season 07
「M@GIC☆」ジャケット

イラスト：A-1 Pictures

062

リスアニ！2015年12月号表紙

イラスト：Layup

063

AnimeJapan2015 アニプレックスブース等身大ポップ
"桜ステージ衣装"

イラスト：Layup

064

AnimeJapan2015 京都・西陣織元アクリルストラップ

イラスト：アニプレックス

064

ロッテリア×Newtype×シンデレラガールズ
コラボレーションキャンペーンラバーストラップ

イラスト：キャラアニ

065

Summer Festiv@l 2015 デレラバ サマフェス ver.

イラスト：アニプレックス

065

コミックマーケット89 デレラバ 謹賀新年 ver.

イラスト：アニプレックス

066

THE IDOLM@STER CINDERELLA GIRLS ANIMATION PROJECT 01「Star!!」ジャケット

イラスト：A-1 Pictures

066

THE IDOLM@STER CINDERELLA GIRLS ANIMATION PROJECT 02「Memories」ジャケット

イラスト：A-1 Pictures

066

THE IDOLM@STER CINDERELLA GIRLS ANIMATION PROJECT 03
「-LEGNE- 仇なす剣 光の旋律」ジャケット

原画：赤井俊文
仕上げ：横田明日香
特効：久保田彩（グラフィニカ）
フィニッシュワーク：佐久間悠也

067

THE IDOLM@STER CINDERELLA GIRLS ANIMATION PROJECT 04
「Happy × 2 Days」ジャケット

原画：田中裕介　動画：宮田知子　仕上げ：渡部侑子
背景：スタジオ・イースター　特効：久保田彩（グラフィニカ）
フィニッシュワーク：佐久間悠也
監修：高雄統子、松尾祐輔

067

THE IDOLM@STER CINDERELLA GIRLS ANIMATION PROJECT 05
「LET'S GO HAPPY!!」ジャケット

イラスト：A-1 Pictures

Cinderella Project
Unit CV Interview

THE IDOLM@STER
CINDERELLA GIRLS
VISUAL
FAN BOOK

new
generations

RIN SHIBUYA

アンタが私のプロデューサー？

渋谷 凛

15歳、高校一年生のアイドル。打ち込める何かを見つけられずにいたが、プロデューサーの熱意と、アイドルを夢見る卯月の笑顔のきらめきにひかれてアイドルになった。花屋の娘で、愛犬のハナコをかわいがっている。

プロデューサーの熱心な勧誘に辟易していた凛だったが、卯月の純真なアイドルへのあこがれと笑顔に触れ、同じ道を歩むことに

物語途中では奈緒、加蓮とともに「Triad Primus」を結成。ゲーム原作でも登場した、屈指の人気ユニットだ

第26話劇中劇「シン選組ガールズ」では土方歳三を好演。美男子で鳴らした副長にふさわしいクールな横顔！

―アニメでも3人でユニットを組むと知ってどうでしたか？

原　かなり以前から聞いていて、いつ知ったかも定かではないぐらいなので、わーびっくりって瞬間はなかったです。

大橋　もうぬるっとね、やっぱりニュージェネ（new generations）はニュージェネだよねってなりました。

福原　この3人な事がすごく自然だったよね。

―アニメでキャラクターの関係性は変わりましたか？

大橋　未央が3人を引っ張る感じがすごく出た気がしますね。

原　この3人ってすごくタイプが違っていて、もし学校の同じクラスにいたらあまりしゃべらないと思うんですよ。

福原　それはわかる！

原　でもゲームだと最初から仲よしじゃないですか。だからアニメを見て、3人は最初はこんな感じだったんだと思いました。ゲームでは最初凛中心、だんだん卯月が真ん中になったイメージなので、今回未央がリーダーで順番がきたのかなと思いました（笑）。

UZUKI SHIMAMURA

島村卯月、頑張ります！

島村卯月

17歳、高校二年生のアイドル。アイドル養成所ではなかなか芽が出なかったが、あきらめずに誰よりも頑張ってチャンスをつかんだ。友達との長電話が好きな普通の女の子だが、その笑顔には人の気持ちを動かす力がある。

アイドルをめざし、同期が抜けても養成所に通いつづけていた卯月。プロデューサーとの出会いが、運命を変える

卯月の魅力である笑顔が、逆に彼女をさいなむ。仲間たちの助けを借り、最後には自分で立ち直ることができた

第26話では、さながら「きせかえ卯月」とでも言うようなエピソードが。どれも似合っているのはさすが！

福原　誰がまんなか決まってないというか、誰が中心でもしっくりくる感じがいいと思いますね。

―お互いのキャラクターの好きなところを教えてください。まずは卯月から。

大橋　ふふ……（にやり）。

原＆福原　……。

大橋　えええ？　出てこない？

原　いや、笑ってるはっしー（大橋、以下同）見てたらはっしーの好きなところが出てきちゃって……（笑）。3人が並んだイラストを見ていると、卯月の色使いがすごく好きですね。とにかく女の子らしいところがいちばんあって、女の子のかわいいところはここ！みたいな感じで幸せになります。

大橋　そうでしょう！

福原　卯月はアイドルにずっと向き合って頑張ってきて、その純粋なまっすぐさはすてきだと思います。だからこそ悩みもするんですけど、まっすぐに夢を追っている人だからこその輝きが卯月にはあると思います。

大橋　うれしいですね……卯月がよく言われているとえっへんってなります。親心みたいな感覚であり、仲のよい友達がほめられてるみたいで。凛ちゃんは、意外と子供っぽいところが好きです。最初はクールビューティーでとっつきにくいのかなと思ったら、意外とよく笑うし感情をぶつけたりもするんですよね。一度決めたら一直線なところもいいです。

原　私はギャグっぽい展開になったときにオチ担当になるかわいそうな凛ちゃんが好きです。

大橋　エコーがかかるやつね。

原　なんでよ～！みたいなね（笑）。未央がいたずらを仕掛けると、卯月は案外にこにこしながらのっかってくるんですよ。

福原　凛はそれはちょっと……ってテンションなんだけど。

原　卯月は悪気がないから凛がますます困るっていう……そういう卯月の無邪気なところが好きです！

大橋　えへへへへ。

福原　あれ!?　卯月の話になってる!?

原　凛はそのかわいそうなと

MIO HONDA

私、アイドルやめなくてよかった

本田未央

15歳、高校一年生のアイドル。デビューライブでは若さゆえの自意識で空回りしたものの、さまざまな経験を成長の糧にしてnew generationsの頼れるリーダーに。最近は演劇の舞台にも立ち、才能を開花させている。

第1話ラストで登場。凛と卯月をひっぱるシンデレラプロジェクト随一の元気印。new generationsではリーダーをつとめる

一時はアイドル活動をあきらめかけた未央だったが、復帰後の第13話では納得のパフォーマンスを披露し、涙を流した

未央が見つけたもうひとつの光、それは演技の道だった。高い潜在能力をもつ未央が女優の才能を開花させるのに時間はかからなかった

できたて Evo! Revo! Generation!

新しい時代の幕が開く

新人というフレッシュさを詰め込んだ「ニュージェネレーション」感のある一枚。作中デビューステージ後は未央や凛とプロデューサーの心が離れてしまう展開だった事もあり、全ユニットで一番最後にCD化された。

福原綾香

鹿児島県出身、ヴィムス所属。管理栄養士の資格をもっている。出演作に「クオリディア・コード」凛堂ほたる役、「劇場版 蒼き鋼のアルペジオ -アルス・ノヴァ-」ミョウコウ役など。

凛はまっすぐにしか走れない分、無防備なところがあると思います。

ころが好きなんです（笑）。いつもの強そうな凛ちゃんとのギャップがよいのです。

大橋　よしよしってしてあげたくなりますね。

福原　凛は愚直の美というか、まっすぐにしか走れない分、感情的になると無防備なところがあると思います。その辺りが歳相応なのかな。

大橋　未央ちゃんはですね、いちばん大人！

原　気がついたらそういう感じになっていたよね。

大橋　以前はパッション！　明るい！　にぎやか！と場を盛り上げてくれるイメージだったんですが、アニメでは柔らかい音色の声を聞く機会も増えました。私も未央に影響されたことがたくさんあると思います。

原　あらやだー。

福原　みんなが成長したなかでも成長幅がいちばん大きいのが未央で、15歳の女の子がこんなに成長できるんだって奇跡だと思います。2nd SEASONの未央はすごくいい女で、これからもどんどんすてきな女性になると思います。

大橋　自分も成長しないと周りの事って見えないですよね。

原　アニメの最初のころは、あ、思ったより未央って緊張でテンパったりするんだという発見があって、それがあればこそ成長が際立つ感じですね。

――収録で大変だったり印象的だった事は？

原　収録はわりといつも大変で、からあげとドリンクが手放せませんでした。でも実は私いちばん印象的だったのは、唯一自分がいなかった回なんですよ。

大橋　一回あったね。凸レーション（第10話）の時？

原　そうそう。自分がアフレコに参加していないから、初めて放送で映像を見ておお……ってなったのがすごく新鮮でした。

大橋　第1話の凛ちゃんとの長いかけあいがあって、それが終盤のやりとりにつながったのはおーって思いました。

原　私は第1話の最後の引きで登場したんですけど、収録は時系列どおりだったので2人のかけあいをすごいなぁと思いながらずっと見てました。

福原　第1話がいちばん大変だったかもしれないね。

原　まだみんな空気ができあがっていなくて、手探りで。私もこれだけ2人が頑張った後の最後のせりふで自分がかんだらどうしようって思ってました（笑）。

福原　ゲームではプロデューサーにデレたことばもたくさん話しているので、あのリアルなつっけんどん感は本当に久しぶりで、一からつくりなおしました。

――BD第9巻収録の第26話では「シン選組ガールズ」などで大活躍でした。

原　私はやっぱり「シン選組ガールズ」ラストの卯月の「何じゃこりゃあぁ!?」が大好きで。

大橋　私実は元ネタの松田優作さんの「何じゃこりゃあぁ!?」を知らなかったんですよ。サマフェスの朗読コーナーできらりが言ってたので、きらりネタだと思ってたんです。それで本番前に松嵜麗さんが元ネタの事を教えてくれました。そんな感じだから卯月より自分に寄っちゃって大丈夫かなと思ったんですけど。

福原　すごくよかった！　土方は芸妓遊びをしたりしていて、凛は女の子に好かれる要素が多いからなと思いながらなるべくかっこよく演じました。

原　沖田と土方は絶対人気が出るよね。

大橋　でも沖田は精神が崩れていきそうというか、終盤の卯月のようすと重なってドキドキしました（笑）。

――未央が舞台を経験しての撮影だった事は意識しました？

原　あの作品がぽんと単独であったら、たぶん楽しく素の未央で演じるのが正解だと思うんですけど、本編でお芝居をやったお話を考えると「演技をしている」演技をするべきなのかなとか、かげんは考えましたね！　演技はしっかりめでお願いしますと言われたので、なるほどそういう感じかと思いました。

――「シン選組ガールズ」では主題歌「Absolute Nine」も新録しました。

大橋　完成版の歌い分けを聴くと、あ、ここが自分のソロなんだと驚きますね。元の「Absolute Nine」よりちょっと明るいアレンジな気がします。

原　歌う人が変わるとイメージが違うよね。

福原　凛で歌うときは出しすぎないようにしている福原感を割と出している楽曲です。

原　声がかっこよすぎて、音量かなり絞られてるよね（笑）。伸ばすところのおしりに凛の歌の余韻が残ってると、あ、こんなに絞られてるんだって。

福原　そうそう！　この曲の凛は（ピリリと効く）黒胡椒担当なんですよ。

――アニメ最終話の後、3人にどんなふうになってほしいですか？

大橋　いろいろ体験して初めて気づけることってあるから、アニメで描かれたような経験があってこそ、ゲームで描かれる卯月たちに続いていくんだと思います。

原　3人を見ているととにかくもう、おばあちゃんみたいな気持ちになるんですよね。仲よくやっていってほしい……。

福原　ホワイトボードが仕事でいっぱいだとほんとに安心しますね。

原　みんな笑顔でハッピーエンドになってほしいです。具体的なお仕事だと、未央はソロだと女優メインになっていきそうな気配があるんですよね。

大橋　卯月は歌のお姉さんをやってほしい。

福原&原　歌のお姉さんは、大変らしいよ！（以下、歌のお姉さんがいかに大変かをレクチャー）

大橋　何で2人ともそんなに詳しいの？　びっくりした。

福原&原　ネットニュースで見た！

大橋　大変なのは困るなぁ……もうちょっとゆるい歌のお姉さんがいいです（笑）。卯月が子供とふれあう姿が見たいんです。

原　絶対子供に好かれそう！

大橋　ちょっと子供になめられたりしながら孤軍奮闘する姿が見たいですね。

福原　それは絶対いいよね。凛は、歌手になりたいのかなぁ。

原　バラエティ班ではないよね。

大橋　凛のいじられ属性は音楽番組で発揮してほしい。マルチだからドラマとかもできそう。

原　キムタクだ。シブリンだ。

福原　ドラマに主演して歌も歌って、みたいな。

原　「へぇ、あんたも凛っていうんだ」みたいな！

――では、最後にメッセージをお願いします。

大橋　秋には神戸とさいたまで大きなライブがあって、また新たなものが見せられるんじゃないかと思います。「シンデレラガールズ」はこれからも続いていくし、アニメに出ていた以外にもいろんなアイドルがいるんだよって可能性を見せたいです。新曲も覚えて！　ダンスも頑張って！　キャラクターらしく！　頑張りたいと思います！

……なんかざっくりしてる？

原　私はそういうはっしー好き。

福原　やるべきことをちゃんとわかってるよね。

大橋　2人はいつも私のことわっしょいしてくれるんですよ。

福原　わっしょい？

原　よいしょなら知ってるんだけどなー。わっしょいわっしょいはっしーわっしょい！

大橋　よいしょです、よいしょ！　そんな感じで、これからも引き続きプロデュースしてください、アイドルたちをよろしくお願いします！

福原　一枚一枚ページをめくりながら、アイドルたちとの思い出を振り返って楽しんでくださってると思います。これからもたくさんのビジュアルが生まれて、私たちのイベントやライブなどの活動も鮮やかな絵になるようにひとつひとつ、頑張っていきたいと思います。

原　すごくいい事言うね……！　全部言われた感じがする……えぇと、かわいい絵がいっぱい載っていますので……あ、これダメなやつだ……。

大橋　（new generations の）ピンナップ壁に貼って？

原　あ、そうそう。ピンナップ壁に貼ってね。

大橋　まんま言ったね！（一同爆笑）

原　今のなしで（笑）。私の中にあるニュージェネのイメージは、この本についているピンナップのようににこにこと笑っている3人なので。こんな幸せな世界が続いてほしいですね。見ている皆さんもこの本を読んで、笑顔で幸せな気持ちになってくれたらなと思います。

秋のライブではこれからのシンデレラの可能性を見せたいです。

大橋彩香

埼玉県生まれ東京都育ち、ホリプロ所属。音楽好きで学生時代から趣味でドラムを学んでおり、ステージで披露したことも。2014年からはソロアーティストとしても活動している。出演作に「アイカツスターズ!」香澄夜空役など。

私の中にあるニュージェネのイメージは笑顔の3人なので。

原紗友里

東京都出身、81プロデュース所属。趣味は映画鑑賞。出演作に「いなり、こんこん、恋いろは。」コン役、「この素晴らしい世界に祝福を!」ルナ役、「12歳。～ちっちゃなムネのトキメキ～」浜名心愛役など。

UNIT COLUMN
キャストが選ぶ名場面

ため込んだ思いのすべてを吐きだした卯月。思いを受け止めた後、凛と未央は卯月をひとりで帰らせた。

ライブ前の掛け声はいつもじゃんけんで決めていたnew generations。今回もじゃんけんで決めることに！

福原が「落ち込んでいる卯月を2人で慰めるんだけど、最後は2人が黙って見送るところ」と第23話の公園での3人のやりとりをチョイスすると原は「悲しいところ選ぶね！」とびっくり。大橋は「第25話で歌い終えたみんなのゼーハー感が好き」、原は「みんなが笑顔のシーンがいいな。フライドチキンとか」と意見が分かれた結果、リーダー原が「……ニュージェネじゃんけんで決めるか！」。結果は福原が一発で勝利してこのシーンに決定！

LOVE LAIKA

アナスタシア役 上坂すみれ

新田美波役 洲崎 綾

アナスタシア

アーニャと、呼んでください。

15歳、ロシア人と日本人のハーフ。日本語で話すことはまだ少し未熟で、ロシア語の単語を発してから日本語に直すこともある。星が好きで天体観測も趣味のひとつ。Project:Krone からソロとしてもデビューしている。

ANASTASIA

大人びていて、ミステリアスにも見える外見とはうらはらに、親しみやすい性格。思わずロシア語が出てしまうのも、チャーミングだ

ユニット活動を通じて、美波とは強いきずなで結ばれた。年上でリーダーシップを発揮する美波を慕いつつ、陰から支えている

ユニットとかけもちになる葛藤を、美波の支えで乗り越えオータムフェスでソロデビュー。披露したのは新曲「Nebula Sky」

――ユニットを組むと知ったときはどうでしたか？

上坂　すごく意外な組み合わせに感じました。元々ゲームはアイドル同士の絡みは少ないですが、その中でも全然接点のない2人だったと思います。

洲崎　接点はなかったね。シンデレラプロジェクトの中でもおとなしめの2人で、なぜこの2人なのかなと思いました。でも実際に組んでみると、まだ日本語にそこまで慣れてないアーニャちゃんとお姉さん気質の美波がしっくりきて、なるべくしてなった2人なのかなと感じました。お互い支えあっている感じがすごくあって、美波はアーニャがみんなに溶け込めるように尽力しているし、美波が緊張しているときはアーニャが手を握ってくれたりするし。その構図がとても美しいよね。

上坂　もうお美しいっていうか、尊いっていうか、清いっていうか。シンデレラプロジェクトのアイドルにもいろいろな関係があるんですけど、LOVE LAIKAはぶつかりあうとかではなくて、お互いに気遣いあう、ことばじゃないコミュニケーションが多いと思います。ベストカップルです！

洲崎　そうだね（笑）。

上坂　アーニャもおとなしいようで芯があって頑張り屋さんなので。それぞれ違う懐の深さを感じます。

――お互いのキャラクターのどこが好き？

洲崎　アーニャで好きなのは、芯が強いところかな。自分で決めた道をしっかり歩いて行きそうな感じや、その強さで美波や周りを支えてくれる感じとか。度胸もあるし、人としておっきい女の子だと思います。

上坂　美波はとにかく包容力でしょうか。すごく包容力があるんだけど、時々もろい部分がかいま見える感じがあるんですね。すべてが完璧ではないけど、そこを努力でおぎなうところがかっこいいと思います。いっしょに住みたいシンデレラガールズナンバーワンです！

洲崎　あ、それね、3rdライブ（「シンデレラの舞踏会 -Power of Smile-」）で「スタッフと声優が選ぶお嫁さんにしたいアイドルランキング」が発表されて美波が一番だったの（笑）。

新田美波

美波！　行きます！

19歳の大学生で、最年長なことからシンデレラプロジェクトのまとめ役をしている。ラクロス部に所属する文武両道でメンバーたちを支える頼れるお姉さんだが、意外に負けず嫌いな一面も。趣味はラクロスと資格取得。

MINAMI NITTA

シンデレラプロジェクトのほかのメンバーより少し年上で、お姉さん的な立場の美波。アナスタシアの事を最初から気にかけていた

夏フェス本番では体調を崩してしまう場面もあったが、全体曲には間に合った。周囲を支えつづけた美波を、今度は周りが支えた

実は大の負けず嫌い。第26話では、トランプで負けが込んでも勝つまで徹夜でアナスタシアたちを付き合わせた

上坂　もうお墨付きがあるんですね……！　美波はすでに嫁の風格が出ていますからね。シンデレラプロジェクトは美波がいるからまとまっていると思います。でもみんなに優しい美波だけど私だけに優しくしてほしいみたいな、微妙なところもありますね。

洲崎　いやどう考えても美波はアーニャに特別に優しいと思うよ！　アニメの後日談の描写でも、美波の携帯の待ち受け画面LOVE LAIKAだったもん。

上坂　アーニャがその場にいなくてもいつも見ていてくれるんですね。うれしいなぁ。

――包容力のある美波ですが、BD第9巻収録の第26話では新しい一面が見えました。

洲崎　大富豪のときの美波ですよね。あそこ、台本にト書きで「アルカイックスマイルで」って書いてあるんですよ（笑）。

上坂　アルカイックスマイル!?

洲崎　アルカイックスマイル感がよくわからなくて、あそこだけ何度もリテイクを出しました（笑）。

上坂　確かに口だけ笑って目は笑ってない感じが……。（美波になりきって）続きやろ？　私が勝つまでやろ？

洲崎　そうそうそう（笑）。すっごい負けず嫌いなんですよね。

上坂　第26話は時代劇から始まってびっくりしましたよね。

洲崎　美波花魁だった！　やっぱりお色気担当だ！って思った。

上坂　年齢的にもお姉さんですからね。

洲崎　本編から離れたバラエティというかお祭りで。

上坂　ああいう仕事もやってるんだなと思って、なんだか楽しそうです。

洲崎　楽しそうだよね！　アーニャって意外とああいうのノリノリなんだよね。

上坂　好奇心がすごくあって、みくのネコミミとかチアガールとかもわりとやってみる子で。アーニャのなんでもやってみる精神はいいですね。

――アニメ全体を通して、お互いの演技で印象に残っているのは？

上坂　私、美波の「シンデレラプロジェクト、ファイトー！」が大好きなんですよ。リーダーではあるんですけど、包容力があるというか。もしちゃんみおとかなら「行くぞぉ！」って感じの体育会系になりそうなんですが、美波は内から勇気やパワーがわいてくる感じなんですよ。あとは第4話のPR動画で、美波がラクロスのスティックを振り回しながら自己紹介をするシーンに何かを感じます。

洲崎　謎の何かを（笑）。

上坂　ことばにできない何かを感じます！

洲崎　私がすみぺ（上坂）の演技で印象に残っているのは、合宿で美波が気負いすぎて寝れなくなっているときにアーニャが手を握ってくれるんですね。そのときのすみぺの優しい声の音色がすごく好きなんです。「握手しヨ（アーニャのせりふをまねしかけて）」……やめよう。私アーニャのモノマネが似てないランキング一位なの。やるたびに似てないって言われるの（笑）。

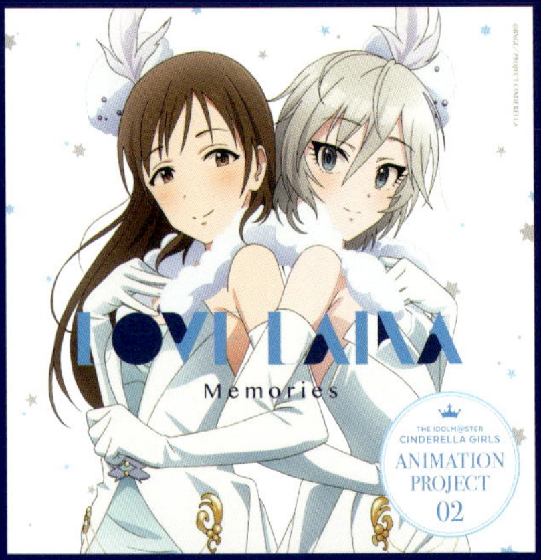

Memories

支え合う２人の楽曲

左右対称の振付が美しく、一見ゆったりとしながらも情熱的な動きが印象的な楽曲。LOVE LAIKAがそろってライブで歌ったことはなく、オリジナルメンバーでのライブ実現に期待したい。

――現実でのLOVE LAIKAとしてのステージへの思いを聞かせてください。

上坂　LOVE LAIKAとしてはいっしょに出られる機会がなくて残念だったんですけど、風の便りで3rdライブのときに洲崎さんがアーニャを隣に感じながら歌ってたよって聞きまして。

洲崎　すごい、風の便り届いた？

上坂　本人まで届きました！

洲崎　すみぺを隣に感じながら歌いました。

上坂　私も全力で念を送っていたので、届いてよかったです。

洲崎　当日スクリーンにアーニャからの応援メッセージが流れる演出があったんですけど、私が全力で飛び跳ねて喜んでいたらばっちり見られてて。

上坂　推しジャンをしてしまったのですね。

洲崎　あれ推しジャンって言うんだ。あれ大丈夫？　私変に思われてない？

上坂　周りの人の迷惑にならなかったら大丈夫です。

洲崎　大丈夫。私馬車の上で飛んでたから邪魔になってない！

上坂　でしたらただの活発なオタクの人です、大丈夫です！

洲崎　あっはっは、よかった！　よかったのかな（笑）？

上坂　でも4thライブ（TriCastle Story・さいたまスーパーアリーナ公演）では、エアじゃないLOVE LAIKAの共演が実現しますからね。

洲崎　すごくうれしい。

上坂　本当に楽しみです。今はまだどんなライブになるか想像ができるようでできないんですけど、LOVE LAIKAとしていっしょにライブに出て、いっしょにレッスンできることがそれだけで楽しみです。

洲崎　たしかに。初めてだもんね！

上坂　LOVE LAIKAとしてはクールな顔で決めたいです。今までのライブで、歌ってみてどうでした？

洲崎　LOVE LAIKAの曲をひとりでやっているとね、なんだか私がドヤ顔しているように見えるんだよね（笑）。でも今までライブで（上坂抜きで）「Memories」を歌うときはソロや3人だったから、いつか2人で歌うときはやっぱりこの2人で歌いたいよね。

上坂　そのときはキレキレの動きを見せたいですね。

――最終話の後、美波とアーニャはどんな関係で、どんな活動をしてほしいですか？

上坂　2人で写真集出してほしいな。

洲崎　いいね！

上坂　夜のビーチでビーナス&マーメイドみたいなテーマの。神秘的な写真集を出してほしいです。

洲崎　星空の下の2人を撮影してほしいね。

上坂　離れ小島に行ってほしいですね。モルディブとか行ってほしい。

洲崎　めっちゃいいね。ロシアの夜空を見にいこうよ。

上坂　美波は寒いの平気かな。高熱を出しそうなイメージが

LOVE LAIKAはずっといっしょにいてほしいですね。

洲崎 綾

石川県出身、アイムエンタープライズ所属。出演作に「暗殺教室」茅野カエデ役、「腐男子高校生活」西原ルミ役など。

あります。

洲崎　美波は苦労人で体調崩すイメージはあるよね（笑）。それじゃもう少し近場がいいか。熱海か伊豆にしよう。

上坂　美波が熱海に行くと女将感がありますね。そうだな、美波と行く日本名所探訪とか絶対楽しそう。

――アーニャと美波は「星の光を集めよう」キャンペーンや日商簿記のナビゲーターなどリアル346プロ企画でも活躍していますね。

上坂　アーニャが星のPRをさせていただくのはすごくびっくりしましたけど、ぴったりでしたね！　美波も何かやってるんですか？

洲崎　美波は眼鏡をかけて電卓を持った姿が日商簿記のホームページにデーンと出ていたよ。ああいうコラボを見るたびに、何か声がついた形で私たちもかかわれたらいいなと思います。日商簿記なら、教材に美波の音声の何かが付いてくるとかね。

上坂　美波が教えてくれる簿記三級みたいな！　それめっちゃくちゃやる気出ますよ！　検定に合格すると美波のご褒美ボイスが手に入るシリアルコードがもらえるのですよ。

洲崎　めっちゃリアルなやつじゃん！　アーニャはプラネタリウムの音声とかどうかな。あったらめっちゃいいのに。

上坂　だんだんロシア語混じりになって何言ってるかわからなくなりそうです。

洲崎　そこは寝ちゃうやつだ（笑）。

上坂　そんな感じでアーニャと美波にもお仕事をですね。

洲崎　よろしくお願いします！（笑）

――これからもLOVE LAIKAはいっしょに活動していくと思いますか？

上坂　ずっといっしょにいてほしいですね。

洲崎　常にいっしょでなくてもね、年一回は必ずいっしょにステージとかは続けてほしいですね。

上坂　あとはお互いのブログによく登場しそう。「ご飯を食べました。」とか。

洲崎　たしかに。泊まりにいきました。星を見にいきました。番組とかもいっしょにやりたいね。

――2人の数年後、10年後とかって想像できますか？

上坂　10年後……でもアーニャはそれでも25歳ですもんね。

洲崎　2人には同じ時期に結婚してほしいんですよ。

上坂　ああっ、置いていかないでほしい……！

洲崎　（どちらかだけが結婚すると）さみしぃ……ってなるじゃん絶対。

上坂　確かに家庭をもつならいっしょがいいですね。新婚家庭に押しかけちゃいそう。でも美波やアーニャが恋人をつくるとか想像できないな。

洲崎　2人で添い遂げてもいいけどね。

上坂　私はこの2人で添い遂げるのがいいかな……もう成立してる2人なので……（笑）。

洲崎　そうかもしれない。

上坂　そして蘭子が生まれました。成立しました、添い遂げました！　3人で暮らしていきます。

洲崎　いきます（笑）。

――最後にメッセージをお願いします。

上坂　アニメが終わっても「シンデレラガールズ」はずっと続いていて、私たちの中にもプロデューサーさんの中にもシンデレラガールズの空間が根付いていることがうれしいし、これからも続いていけばいいなと思います。足腰が立つ限りはステージに立って頑張りたいので、応援よろしくお願いします！

洲崎　ゲームからアニメになり、ライブがあり、コンテンツのパワーのすごさを日々感じています。4thライブでついにLOVE LAIKAがそろうことが、私もいちばんの楽しみなので、ぜひ見に来てくれたらうれしいです。これからもよろしくお願いします！

そして蘭子が生まれました。成立しました、添い遂げました！

上坂すみれ

神奈川県出身、スペースクラフト・エンタテインメント所属。ロシアやソヴィエト連邦、ポップカルチャーにも造詣が深く、アーティストとしての活動でも独特の世界観を見せる。愛称はすみぺ。出演作に「ガールズ＆パンツァー 劇場版」ノンナ役など。

UNIT COLUMN
キャストが選ぶ名場面

電話をかけたいけれどかけられない、アーニャの心情が痛いほど伝わってくる。

一方美波の携帯の待ち受け画面にはアナスタシアの姿が。まさに相思相愛の関係だ。

「夏の合宿の話が好きで、美波と蘭子が二人三脚したり」「蘭子がいるとアーニャがお姉さんになるんですよね」と、まずは蘭子も含めた3人のきずなが深まった合宿を振り返る2人。手をつなぐシーンや、ダンスシーンのかっこよさなど話は尽きない。ふと上坂が「あ、私アーニャが美波に電話をしようとしてやめるシーン好きです」とつぶやくと、洲崎も「わかる、すごいリアルだよね！」と同意、このシーンに決定した。

Rosenburg Engel

Rosenburg Engel

神崎蘭子役 内田真礼

RANKO KANZAKI

独特のことばでしゃべる蘭子。しかし最終的にプロデューサーは彼女の思いを理解し、理想のソロデビューを果たした

周囲との距離を最初は測りかねていた蘭子だったが、自身の成長と周囲の理解を得て、第13話ではLOVE LAIKAのピンチをフォローするほどに

後に白坂小梅と「Rosenburg Alptraum」を結成。ホラーが大好きな小梅にドキドキさせられながらも、着実に仕事をこなしている

我が魂の赴くままに！

神崎蘭子

14歳、中学二年生のアイドル。ゴシックな衣裳を身にまとい、「闇に飲まれよ！」といった独特のことばを使う。素は気弱で怖いものが苦手だが、理解されたい、表現したい気持ちは人一倍強い。

——「Rosenburg Engel」をソロプロジェクトでやると聞いてどうでしたか?

内田　アニメではシンデレラプロジェクト14人を中心に描きますと聞いたときに、ユニット展開があるけど蘭子はひとりです、と言われたんですね。ソロでやる第一印象はやっぱりな、でした（笑）。シンデレラプロジェクトの中で誰かとユニットを組むとしたら、たぶん蘭子らしさのキラキラをある程度抑えないといけない気がしたので。私としても（346プロダクションの）プロデューサーが最適な選択をしてくれたんじゃないかなと思ってます。

——「神崎蘭子」と「Rosenburg Engel」にイメージの違いはありますか?

内田　ソロユニットなので、蘭子の魅力をより昇華したというか、彼女がやりたいことをより突き詰めたのがRosenburg Engelだと思います。芸能の世界では必ずしも自分がやりたいことばかりをできるわけではないと思うので、すごく恵まれていますよね。プロデューサーが蘭子のやりたいことや気持ちをメモを取ってくみ取ってくれて。本当の蘭子を見つけてくれたのがRosenburg Engelだと思うので、その2つにあまりイメージの違いはありませんね。

——表現者としての内田さんから見た蘭子ってどうですか?

内田　私自身が写真を撮っていただくときにポーズを取ってくださいと言われたら、その場のいちばん最適なものを自分の中で考えて、引き出しをあけたり、教えてもらったりしながらやるんですね。そういう何を表現の根っこにするかという部分で、蘭子は好きなものや、大切にしている世界に対するまっすぐさがすごくあるんです。だから私が蘭子として舞台に立つときは、彼女にすごく引っ張ってもらっている感覚があります。蘭子がまっすぐにこれがやりたい!という事を表現して、それが周りにも伝わっているんですね。そのキャラクターがやりたいこと、見せたいことが明確だと演じる側もやりやすいです。そういう蘭子の表現者としての強い意志は尊敬しちゃいますね。

——アフレコや舞台で蘭子を演じるなかでどんなことを考えたり、悩んだりしましたか?

内田　アフレコでは蘭子がみんなといっしょにいるシーンがあったので、そういうときに蘭子がどれぐらい発言できるのかなと、最初は心配でした。それから収録を重ねながら、ガヤのシーンや、画面に映っていないときに蘭子は何を話しているのかな、と考えながらキャラクターを肉付けしていくのは楽しい作業でした。ライブのステージに立つときは、蘭子が表現したいことは何かとか、事前にはたくさん考えるんですね。でもステージに立つとそれを全部忘れていて、その瞬間がすべてになってしまうので、あまりステージでの悩みとかはないんで

-LEGNE- 仇なす剣 光の旋律

蘭子だけが表現できる世界

蘭子自身がイメージする「薔薇の城に囚われた堕天使」がコンセプトで、ゴシックでダークなイメージではあってもホラーではないさじかげんをプロデューサーがていねいに拾い上げた。タイトルは「エンゲル」の逆さ文字で堕天を表現している。

すよ。そのとき感じるままにするのがいちばん蘭子らしくなるのかなと思います。

——ふだんの蘭子の会話ってどんな感じだと思いますか？　話しやすい相手とか。

内田　話しやすいのは誰かな。私は未央ちゃんが好きなので（笑）、未央にらんらんって呼びかけられて、すごく困るんだけど一生懸命話そうとする姿とかは想像しますね。アナスタシア、美波、蘭子で3人でいっしょに仲よく話してたらすごくうれしいなとか、この子といっしょのときはうなずく以外できないだろうなとか、アニメでだんだんイメージできるようになりました。ゲームではそこまでわからなかった周りの子を知ることで、蘭子の事も、よりわかるようになったんだと思います。話している姿が見てみたいのは、アニメであまり絡みがなかったきらりとかですね。たぶん、ちょっとお姉さんで引っ張ってくれる相手がいいのかなと。相手が理解してくれるタイプだと話せるのかな。

——気に入っている熊本弁（蘭子語）ってありますか？

内田　やっぱり「闇に飲まれよ！」がいちばん好きですね。いまだにファンの方に言われたりしますし、あとは第8話で「ぷろ、プロヴァンスの風！」みたいな感じで、プロデューサーの事をなかなか呼べないところはすごくかわいくて気に入っていますね。

——蘭子にも友達が増えてきたので、彼女たちと蘭子の関係性について聞かせてください。

内田　アナスタシア、美波、蘭子は、3人でいっしょにいるんだけどLOVE LAIKAの2人には2人の世界もあるのが好きですね。ただただみんなが仲よし！という感じじゃなくて、それぞれの人間関係や距離をちゃんともっている感じが好きなんです。すごくレアな相手とのかかわりだと、「MAGIC HOUR」（ゲーム上で配信された架空のラジオ形式ドラマ）で美嘉の番組にゲストで行ったんですね。そのとき、美嘉は蘭子の世界をすごく理解してくれるわけではないんですけど、なんだか楽しかったんですよ。恥ずかしいけれど頑張って話すみたいな、新しい一面が見られたのは楽しかったですね。あとはかな子とはゲームとかも含めてなんとなくいっしょにいて縁がある気がしていて、お友達感があります。小梅ちゃんとはRosenburg Alptraumというユニットとしての仲間のイメージが強いですね。だからチームの仲間としてもっと距離を深められたらいいなと思います。

——小梅とのお話はBD第9巻収録の第26話でも描かれましたね。

内田　蘭子ちゃんと小梅ちゃんは同じようなものが好きに見えて、そうではない（笑）。そこがいっしょくたにされる感じがおもしろかったです（笑）。あのエピソードの後、プロデューサーが蘭子に「こわいのやだって言ったじゃない！」なんて、わーっと言われていたらいいなぁ。ああいうクールな雰囲気は好きだけど怖いのはいやなんです（笑）。小梅ちゃんと2人でいるとなんだか小動物感があってかわいいですね。ステージではかっこいい2人というか、小梅ちゃんも独特の世界があってすごくいいんですけど。もしRosenburg Alptraumで新曲とか歌えたら新しい表現ができそうな気がします。

——劇中の「シン選組ガールズ」では京都守護職役を熱演しました。

内田　私歴史が好きなので、うれしかったです。蘭子がすごくノリノリで楽しそうで、あれを見ていると私たちも「シン選組ガールズ」を実際にやりたくなりました、舞台とか朗読とか（笑）。キャラクターが別の役柄を演じるのっていいですよね。あの世界の中でみんなが本当に存在してお仕事をしているんだなと感じられて好きです。

——物語の世界の中で、蘭子はこれからどんな仕事をして、どんなアイドルになっていってほしいですか？

内田　私も好きだったんですが、朝の子供番組で顔出しのキャラクターの役は、蘭子に似合いそうな気がするんですよね（笑）。元々の蘭子がキャラクターっぽい気質ですし。

——大橋（彩香）さんも卯月に子供番組の歌のお姉さんをやってほしいと言っていました。

内田　あ、そうなんだ！　じゃあ卯月ちゃんといっしょにその番組にたまに「はーっはっは」と言いながら出てきたいです（笑）。蘭子も子供に好かれる気がします。蘭子自身も14歳なので、朝の番組のほうが似合うかなーと思いますね。莉嘉やみりあたちとヒーローショーとかも楽しそう。なんとなく子供向けをやってほしい夢があるんですよね。私の中に蘭子が大人なイメージがあまりないんだと思います。本当の素の蘭子のわーって感じがちょっとでも出るとそれもうれしいですね。私、蘭子はタイプで言うとあまりクールではない気がするんですよ。内面はパッションだったりキュートだったりだと思います。あ、あと楽曲をカバーしたりするときに、かっこいい蘭子らしくアレンジしていただく曲も好なんですけど、私「Orange Sapphire」がすごく好きで、そういうパッションっぽい曲をそのまんま歌うような蘭子も見てみたいですね。

――作中でシンデレラプロジェクトという枠はいったんなくなりましたが、将来の蘭子は他のアイドルたちと今後どんな関係を築いてほしいですか?

内田　うーん、蘭子には変わらないでほしいかな。それで、みんなが蘭子のことばをわかってくれるようになったらいいなと……思いますね。みんな「やみのまー」とか言ってて、英語が話せるぐらいの感覚でことばが通じてほしい。新人さんとか来るとびっくりするの、え、みなさんわかってるんですか?みたいに(笑)。そしてちょっとずつ蘭子の仲間を増やしていきたいですね。同じような雰囲気をもった仲間との競演はいいな～! あとは卯月とか智絵里ちゃんとか押しに弱そうな子に蘭子的なかっこうをしてもらってステージに上げて、わーってほめて伸ばして仲間にしたいです(笑)。蘭子が周りに合わせて変わっていくんじゃなくて、周りの世界をエンゲル寄りにしていくのが私の野望です(笑)。

――10月には4thライブ最終日に出演します。久々のシンデレラガールズ単独ライブに臨む気持ちはいかがですか?

内田　めっちゃめちゃ楽しみですね……! 心が先走ってしまって、早くステージに立ちたいな、早く練習がしたいなという気持ちでいっぱいです。すごく楽しみであり、少しブランクもあるので蘭子として、Rosenburg Engel としてどんな表現ができるかなという気持ちもあり、自分の中ですごく盛り上がっています。

――さいたまスーパーアリーナにはアニサマで、「シンデレラガールズ」としてもソロアーティストとしても立っていますね。

内田　ひとりで出るアニサマとみんなで出るアニサマはやっぱり全然違いますね。みんなで出ているときは「自分はアイドルマスター シンデレラガールズの一員なんだ!」という気持ちをものすごく強く感じられるんです。自分がキャラクターとしてここに立って歌っているんだという事を感じることができて、自分の中で特別なすてきな体験でした。4thライブはお客さんがみんな、シンデレラガールズを楽しみにして来てくれているので、また違う広がりを感じられそうで楽しみです。

――ファンの皆さんにメッセージをお願いします。

内田　こんなにたくさんのイラストがあるのか!と、この本の分厚さにびっくりしました。それだけたくさんのキラキラを皆さんとともにしてきたんですね。「シンデレラガールズ」はこの先ゲームもライブもあります。今後も蘭子たちがもっと輝いていけるように、いっしょに楽しく、時を刻んでいきましょう! これからもよろしくお願いします! 闇に……飲まれよ!

周りの世界を蘭子寄りにしていくのが私の野望です(笑)。

内田真礼

東京都出身、アイムエンタープライズ所属。趣味は食べ歩き。2014年にアーティストデビュー、出演作に「斉木楠雄のΨ難」目良千里役、「甲鉄城のカバネリ」菖蒲役など。

UNIT COLUMN
キャストが選ぶ名場面

第8話ではプロデューサーと蘭子、不器用者同士が少しずつ距離を詰めて理解しあう過程が描かれた。

第12話の合宿回、*(Asterisk)の2人と蘭子が川の字で寝ているちょっと新鮮な組み合わせ。

Rosenburg Engel 誕生の回である第8話は、やはり内田にとっても特別だったとのこと。「プロデューサーの事をなかなか呼べない感じが本当にかわいいです」。あとは合宿回(第12話)で、「お姉さんたちが寝ている横で悩んでて、合宿でみんなで寝ている姿も新鮮でした」とのこと。内田のことばからは、作品の世界に神崎蘭子という生きた少女が存在することを感じたい気持ちが伝わってきた。

CANDY ISLAND

CANDY ISLAND

双葉 杏役 ✿ 五十嵐裕美

緒方智絵里役 ✿ 大空直美

三村かな子役 ✿ 大坪由佳

――この3人でユニットを組むと知ってどう思いましたか？

五十嵐&大坪　勝ったな！

大空　勝ったんだ（笑）。

大坪　このメンバーは絶対かわいくなるな、すてきだなと思いました。

五十嵐　あんきら（杏&きらり）以外の組み合わせになるよとは聞いてたんですけど、メンバーを見て安心感がありましたね。

大空　組み合わせを見てめちゃくちゃかわいいやんけ！と思いました。同じぐらいの身長のかな子と智絵里ちゃんの間に小柄な杏ちゃんが入ったら絶対かわいい！

五十嵐　かわいい要素しかない3人ですね。

――実際に組んでみてどうでしたか？

大坪　ラップ（「Happy × 2 Days」）を歌うのはすごく意外でしたね（笑）。

大空　ラップもですし、まさか智絵里がバラエティ班に入るとは思わなかったのでびっくりしました。できるのかなって。

大坪　わたしもー、まさかー、バラエティ班だなんてー？（笑）

五十嵐　いやいやいや（笑）、かな子はたしかにね、バラエティのイメージなかったけど。杏が17歳らしくサポートする側だったのは新鮮でした。「大人になったね……（ほろり）」という感じでしたが、そういう杏も意外とするっとなじみました。

大坪　智絵里とかな子が純粋でまっすぐ頑張る子だからこそ、杏も自然と頑張ってしまうんだと思います。

――お互いのキャラクターの好きなところを教えてください。

五十嵐　智絵里ちゃんは守ってあげたくなるんだけど、意外と頑固そうなところもあるのが、ぞらぞら（大空）とも重なって好き。芯の強さを感じる。

大坪　自分を変えたいと思う、弱い面を人に見せられるのは強さでもありますよね。

大空　仕事でうまくいかないときに、使命感をもって努力する姿勢は私も見習わないといけないと思います。頑張り屋さんです。

大坪　そして安定のツインテール！

大空　結構ここ（耳の前）の髪の毛の束が多いので、私もいつでも智絵里っぽくできるように残してます（笑）。ツインテール以外見たことないので、ほかの髪型も見てみたいですね。

五十嵐　かな子はよく食べ、よく笑う。

大空　笑顔がいやされる。おおらかで優しくて、誰とでも仲よくなれそう。

大坪　幸せのかたまりだよね。

大空　かな子を思い浮かべるといつも笑顔なの。

五十嵐　家に帰ってかな子が奥さんだったら最高だよね。ずっとハグしてたい。大丈夫な感じがする（笑）。

大坪　根拠のない「大丈夫！」は私もよく言います。かな子を演じているだけで幸せなので、役に影響されるところがありますね。

大空　杏は男前！　心がハンサム。

大坪　見ていないようで周りをしっかり見ていて、ぼそっとアドバイスして去っていくところとかがいい。名参謀！

五十嵐　ライブのステージ裏で未央とハイタッチするときとかに、「任せて」みたいなイケメン顔するの好きですね。

――お互いの演技で印象に残ったのは？

大坪　ドラマCDだったかな。

ANZU FUTABA

本気出すのってつかれるよ～

双葉杏

17歳のアイドル。超小柄な体格で、お気に入りのTシャツに書いてあるとおり働きたくない、動きたくない性格。しかし聡明で周囲のことがよく見えており、仲間の悩みやピンチは案外ほっておけないタイプ。

「働きたくない」という意志を全面に押し出す異色のアイドル。ふだん事務所ではラフなかっこうで、ソファーでぐうたらしている。飴が好物

本番中は人が変わったかのように完璧に仕事をこなす。アイドルスマイルはもちろん、クイズや運動もパーフェクトな天才肌

「とときら学園」内のコーナー「あんきランキング」ではきらりと身長差コンビを組んだ。同じ17歳で、とても馬が合う2人だ

CHIERI OGATA

前向きになれるおまじない……です

緒方智絵里

16歳、高校二年生のアイドル。緊張しがちで気弱で泣きだしてしまいそうな性格だが、努力を仲間たちと重ねてすこしずつ強さを手に入れていく。みんなの幸せを願う優しい心の持ち主で、幸せの象徴である四葉のクローバーを探すのが趣味。

人前に出ることが苦手な智絵里は、未央の助言で「周りを見ないようにする」というやり方で、それを乗り切ったが……

未だ克服できていない番組のレポートが、緊張でうまくいかない。そのとき、「クローバーのおまじない」を思いつき、周りを見られるようになり、前向きに

「シンデレラの舞踏会」までの活動を経て大きく成長した智絵里。未知の事を「冒険」ととらえて、積極的に取り組むようになった

KANAKO MIMURA

おいしいから大丈夫だよ！

三村かな子

17歳のアイドル。かわいくておいしいお菓子を作るのも食べるのも大好きで、仕事現場や仲間たちによくマカロンなどのお菓子の差し入れをしている。柔らかい空気感と笑顔でみんなをほっとさせる女の子。

手作りのお菓子をいつも振舞っている。智絵里には彼女が好きなクローバーのクッキーをあげるなど気配りも忘れない

大好きなお菓子が絡むとコミカルな表情を見せてくれる。合宿の飴食い競争では、いちはやく小麦粉の中から飴を見つけた

仕事への生まじめさから、好きな物を我慢して、無理なダイエットをしてしまうが、プロデューサーの助言で、本来の彼女のよさである大らかさを取り戻していく。

Happy×2 Days

キュートなラップが響きあう

かな子と智絵里がメインの本線と、杏の独特の節回しのラップが調和する不思議で楽しい楽曲。このCDには収録されていないがかな子、智絵里がラップを担当するバージョンもあり、ラップの内容は各キャストがみずから考えた。

これからも新たな光に会いにいきたいと思います。

大坪由佳

千葉県出身、EARLY WING 所属。好物はバームクーヘン、趣味はサッカー観戦。音楽ユニット「smileY inc.」では社長兼ボーカルを務めている。出演作に「ハンドレッド」レイティア・サンテミリオン役など。

智絵里がちょっとつらい悲しいみたいな感情のときに、ぞらぞらがおなかをペンでぐーっと押しながら演じていたのが印象に残ってます。

大空　身体的な刺激を実際に与えながら演技は結構やりますね。

大坪　演技のときも手がパタパタしてたりして動きがかわいいんです。

五十嵐　アフレコ中もすごく智絵里っぽいよね。

大空　アニメのアイドルとおんなじ表情してることない？　すっごく真剣なときはその顔になる。

大坪　あるある！

五十嵐　それはすごいわかる。

大坪　私は食べてるシーンが続くと口の中でちょっと味がしますね。それで幸せな感じをイメージしながら演じてました。

五十嵐　かな子が食べるのを我慢してるときの大坪さんがつらそうだった(笑)。それに比べて、杏は何をしゃべっても杏になっちゃうんです。自然に。

大坪　私、杏が「かな子ちゃん」「智絵里ちゃん」って呼ぶのが好きなんですよ。

五十嵐　杏は関係性によって呼び方がかなり違うんですよね。2人の事は守ってあげたいカテゴリーに分類しているのかなぁ。杏は気分によって一人称すら違うので、スタッフさんがゲームとの整合性とかを細かく確認していたみたいです。

大坪　でもちひろさんだけはやっぱり「ちひろさん」なんだよね（笑）。

――中の人的な意味で、この3人の最近のエピソードが何かあればお願いします。

大坪　この間3人で、某夢の国のアミューズメントパークに行ったんです。

五十嵐　シンデレラ城の前で3人でCANDY ISLANDポーズで写真撮りました（笑）。

大空　アニメにはそんなポーズないんですけど、私たちがかってにやってるんです（笑）。こう右手でCを作って顔に近づけて。

一同　CANDY ISLANDです！

大空　本当に楽しかった。

五十嵐　昼過ぎぐらいに行くのかなと思ったら、大坪さんが「朝集合！」ってやる気満々で(笑)。

大坪　途中からぞらぞらが合流して、ご飯食べて、たくさん写真撮って。

――絶叫マシンは全員大丈夫なんですか？

五十嵐　私とゆかちん（大坪）は平気なんですけどぞらぞらが……。

大坪　ふだん聞いたことのない声が出てたよね。（笑）

五十嵐　「（か細く）こわい、こわい……うぉぉぉぉ！」みたいな（笑）。

大空　こわかったー。写真を撮られるときにCANDY ISLANDポーズしようねって言ってたんですけど、私はお見せできない顔してましたね。

大坪　最後にみんなでおそろいのお菓子のストラップとか。

大空　キャンディ柄のペンをいっしょに買いました！

五十嵐　とにかく私たちおそろいが大好きなんです。

――BDに収録された第26話のバラエティ回の感想を教えてください。

五十嵐　大富豪で美波にいろんな事をさせましたね。

大空　罰ゲームを導入するんだけど、内容がジュース取ってきてとかで。第25話までのアニメ本編がドラマチックだったから、第26話のショートストーリー感はこういうのもいいなぁと思いました。

大坪　かな子は何回か「おいしいから大丈夫だよ」を言ってるんですけど、台本のト書きに「名言」って書いてあったんです。名言なの？って（笑）。

大空　おいしいから大丈夫だよは大坪氏のアドリブだったんだよね。それが公式の台本に入るってすごいですよね。

大坪　「シン選組ガールズ」の、これから襲撃で緊迫するぞという場面でももぐもぐしていて、かな子はぶれないなと思いました。

大空　私は智絵里ちゃんが「太鼓の達人」をやっていてびっくりしました。私も大好きなゲームだからうれしかったんですけど、智絵里ちゃんがすごく真剣な表情でびっくりしました。智絵里ちゃんといっしょにたたきたい……！

五十嵐　杏は額を斬られて、きらりの腕の中でがくり……みたいな感じだったんですけど、杏は意外とノリノリだったんじゃないかと思いますね。結構家で練習してそうです。

――リアル346プロ企画では江戸切子とのコラボもありました。

大坪　すごくうれしかったです。江戸切子側の方々がすごく熱意をもって、楽しんで協力してくださって。それが、かな子たちが頑張ったおかげで職人さんがいろいろ協力してくれたアニメのストーリーに重なってうれしかったです。

大空　私もすっかり江戸切子に愛着が湧いてしまって、テレビとかに登場すると「あ、江戸切子！」ってすごく見てしまいます。

大坪　江戸切子を見るとかな子のせりふが出てきちゃうんですよ（笑）。コラボの江戸切子もとてもきれいで感動しました。

五十嵐　すごくかわいいから、数量限定なのがもったいないよね。「デレステ（※アイドルマスター シンデレラガールズ スターライトステージ）」にも江戸切子のアイテム出てくるもんね。
大空　私がリクエストしたんです。
五十嵐　ちゃんと（ゲーム内の）部屋に置いてるよ。
大坪　私も置いてる！
大空　私もかな子ちゃんのマシュマロキャッチ置いてる！
大坪　一時期、私の「デレステ」のマイルームにはマシュマロキャッチマシンとトレーニングマシンしか置いてませんでしたから。食べた分は走って消費するお部屋でした（笑）。
――最終話の後の3人には今後どんなふうになってほしいですか？
大空　それぞれに活動はしていても、お互いの事を気にかけて見守っていてほしいですね。
大坪　杏ちゃんはあまりそういうそぶりは見せないけど、お茶会やろうよとか誘ったらちゃんと来てくれるはず。
五十嵐　「わかった。行く」みたいなそっけない返事なのに、反応が超早いの（笑）。
大坪　かな子がはりきってたくさんお菓子を作ってきちゃうんだろうなぁ。
五十嵐　CANDYは仲よくしてほしいよね……。
大空＆大坪　してほしい！
五十嵐　保護者のきらりもいっしょに4人で仲よくしてそうだね。
大空　智絵里は努力家だから、バラエティのツッコミとかも勉強して練習して、だんだんうまくなるんじゃないかと思います。でもゲームの智絵里ちゃんにウェディングドレスを着るお仕事が来たときにすごく喜んでいたので、バラエティ以外のお仕事もさせてあげたいですね。
五十嵐　正統派アイドルとして、ホラー映画とかもいいんじゃない？
大空　智絵里の新しい可能性を感じますね……！
五十嵐　かな子は昼の情報バラエティで食べ歩きとかじゃないの？
大坪　お茶の間の人気者になってほしいですね、息子の嫁にしたいアイドル（笑）。
大空　杏ちゃんはラジオやったら絶対おもしろいと思う。
大坪　ニュースのコメンテーターとか？
五十嵐　マツコ・デラックスさんみたいなポジションじゃないかな、ちょっと毒を交えつつ鋭い事を言うみたいな。「デレステ」でふだんの杏の素が出てお客さんに大ウケみたいなお話もあったので、そういう杏らしさをお仕事で出してもおもしろいと思いますね。
大坪　杏ちゃんの頭のよさは見てる人も絶対わかると思う。
五十嵐　そういう路線の杏は伸びるんじゃないかなとプロデューサー目線で思いますね。
――最後にメッセージをお願いします。
五十嵐　ビジュアルブックを読んでいただいて、改めていちばんかわいいのはCANDY ISLANDであることを実感してもらえたと思います！　本当に〝尊い〟ユニットで活動できて幸せでした。いつかは「デレステ」とかでもこの3人が見られたらなと思いつつ、CANDY ISLANDは不滅ですと言いつづけたいと思います！
大坪　一冊まるまる「シンデレラガールズ」のビジュアル本が出せるのも、たくさんの人に愛していただけたおかげだと思います。BDに収録された各アイドルのシャッフル楽曲を歌ってみたいなとか、まだいろいろとやりたいことはありますので、これからも皆さんといっしょにいろいろなことに挑戦して、新たな光に会いに行きたいと思います！　そして、CANDY ISLANDがいちばんかわいい！
大空　アニメが終わってからも大好きなCANDY ISLANDで撮影して、お話させていただけるってすごいことだと思います。アニメにはもう、智絵里を動かしてくれてありがとう、CANDY ISLANDというかわいいユニットを生んでくれてありがとう、みんなの成長を描ききってくれてありがとう、感謝でいっぱいです。皆さんもこの本を読んでくれてありがとう、CANDY ISLANDがいちばんかわいいよ！

「シンデレラガールズ」のアニメには感謝しかないです。

大空直美

大阪府出身、青二プロダクション所属。「太鼓の達人」の達人として知られ、イベントや番組でも腕前を見せている。たこ焼きを焼く腕前はプロ並み。出演作に「いなり、こんこん、恋いろは。」伏見いなり役など。

とにかく私たちおそろいが大好きなんです。

五十嵐裕美

北海道出身、マウスプロモーション所属。主な出演作に「ブレイブウィッチーズ」エディータ・ロスマン役、「ろんぐらいだぁす！」新垣葵役、「ハイスクール・フリート」ヴィルヘルミーナ役など。

UNIT COLUMN
キャストが選ぶ名場面

力を合わせて挑戦した「マッスルキャッスル」は3人が殻を破る大きなきっかけに。

第8話EDでバンジージャンプを終えて髪の毛がぼさぼさのシーンは全員のお気に入り。

候補はやはり第8話のバラエティ挑戦回と第18話の江戸切子回に。大空が「やっぱりこの3人で選ぶなら杏ちゃんもいっしょのマッスルキャッスル回がいい」と話すと2人もあっさり同意。すぐに意見はそろったものの、「やりきったことでひとつの自信ができた」「勝負には勝ったのに、抱き合って落ちちゃうところがいい」「EDで髪がくしゃくしゃのみんなも好き」と、よかったところがぽんぽんと出てくるのがこのユニットらしさだ。

凸レーション

凸レーション

城ヶ崎莉嘉役 山本希望

諸星きらり役 松嵜 麗

赤城みりあ役 黒沢ともよ

RIKA JOUGASAKI

何を着たって、自分は自分…！

城ヶ崎莉嘉

12歳、中学一年生のアイドル。カリスマJKアイドル・城ヶ崎美嘉の実妹で、お姉ちゃんのようなカリスマJKにあこがれている。ませたところもあるが、カブトムシやシール集めが好きなところは子供そのもの。

姉はカリスマギャル・城ヶ崎美嘉。姉にあこがれてアイドルの世界に踏み込むほど、お姉ちゃんの事が大好き

「とときら学園」に園児服で出演することに抵抗があった莉嘉だが、「アタシはアタシ」と自分らしくギャル路線も両立させた

順調にキャリアアップを果たしていく元シンデレラプロジェクトメンバーたち。莉嘉は念願の美嘉との共演がかなった

――この3人でユニットを組むと知ってどう思いましたか?

黒沢　私は台本を読んだ時点で組むことを知りました。ユニットの話とかは、事前に聞いている人もいたけどそうじゃない人もいる感じでしたよね。

山本　なんとなくスタッフさんやキャストの間で話していてじわっと知って、みたいな感じだったと思う。

松嵜　私もそうだった。

山本　まとめて「凸レーションはこのメンバーです」みたいなタイミングはなかったですね。だから台本を見て、あ、噂は本当だったんだ、みたいな感じです（笑）。

松嵜　聞いたときは元気なユニットになりそうだなーって思いました。

山本　元気な子たちが集まってさらに元気なチームになる感じで、自分たちのやりたいこと、自分たちの元気を伝えていこうというユニットですね。

松嵜　きらりがよく言うハピハピパワーについては、3人が集まって3倍以上になったんじゃないかなと思います。

――きらりはちょっとお姉さんなんですが、年齢が離れている事って意識しますか?

松嵜　あんまり感じないかもです。みんながわーっと騒ぎすぎて今はこっちだよってしないといけないときだけちょっとお姉さんなだけで、ふだんはみんなでわーっと楽しく騒いでると思いますね。きらりがよく座ったり屈んだりで2人と目線を合わせているのも、子供目線でとか考えているわけではなくて、自然にそうしてるんだと思います。

黒沢　私も最近10歳ぐらいの子と話す機会があって、腰をかがめて目線を合わせたつもりで話していたんですけど、実はその子がすごく知的な事を考えていたり、私が目をそらしていたときにもまっすぐ話していたりして、恥ずかしく感じた事がありました。この位のときの年齢差って難しいですよね。

山本　お姉ちゃんが自分に話

KIRARI MOROBOSHI

十時愛梨との看板番組「とときら学園」がスタート。ジュニアアイドルたちを引っ張る司会兼保育士役だ

本番中のステージ袖でも気配りを忘れない。蘭子が急遽美波の代役として出演するとき、髪留めをつけてあげた

素直ではないけど、きらりと同じく仲間の事を気遣う優しさをもつ杏。そんな彼女を誰よりも理解しているのもきらり

ハピハピすゆ？

諸星きらり

17歳のアイドル。346プロダクション一番の長身だが、かわいいものが大好きでキュートな服装やアクセサリーを好む。「にょわー！」「～にぃ」といった話し方は特徴的だが、気遣いのできる優しい女の子。

MIRIA AKAGI

お姉ちゃんって大変だよね

赤城みりあ

11歳、小学五年生のアイドル。おしゃべりが大好きで、誰とでも楽しく話せる性格。母親が生まれたばかりの妹にかかりきりで少しさびしさを感じたりも。美嘉とは年齢を超えた長女同士として意気投合した。

莉嘉とは年齢が近いからか、いつもいっしょに行動している。みりあの素直な疑問には、莉嘉がお姉ちゃんのように教えてあげている

シンデレラプロジェクト最年少だが、純真無垢ゆえにしばしば本質を突く発言をして、周囲を驚かせることも

美嘉とはいっしょにカラオケなどで遊んだ後、同じ長女としての立場と、アイドルとしての立場からの悩みを打ち明けあった

さない事をみりあと共有してると知ったら、莉嘉はどういう反応を示すのか、やきもちを焼くのかそれとも……というのはすごく気になりますね（笑）。

――お互いのキャラクターの好きなところを教えてください。

黒沢　莉嘉ちゃんはよいことも悪いことも「なんとかじゃーん！」と肯定して、全部吸収して前に進む人な印象があります。人のことばをまっすぐ受け止めて、一度は悩んだりしても進むことはやめない。そういう考え方はすてきだと思いました。

山本　子供な分気持ちの切り替えがシンプルなんだと思います。お姉ちゃんだと大人としてついてくるいろいろな事を考えちゃうところを、素直に受け止めて感じたことを素直に出せるのが魅力だと思いますね。

松嵜　あの年頃の姉妹であんなに無条件でお姉ちゃん好きなのってすごくない? ここがいやとかないじゃないです

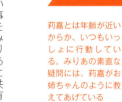

LET'S GO HAPPY!!

かけあいの圧倒的多幸感！

タイトルナンバーはきらりが大好きなファンシーでポップな要素を楽曲・衣裳にまでちりばめたこれぞ凸レーション！な一曲。メンバー同士のハイテンションなかけあいやコールもとてもハッピーで楽しい。

凸レーションはきらりがやりたいことが全部詰まったユニットなんです。

松嵜 麗

福岡県出身、マウスプロモーション所属。神宮球場に通う野球＆ヤクルト好きで、「れい＆ゆいの文化放送ホームランラジオ！」のパーソナリティも務める。ネイルが得意。主な出演作に「まほうのレシピ」ケリー役の吹き替えなど。

か。

山本　ないね。私以前はもっと莉嘉と美嘉は100％相思相愛で仲がいいと思ってたんですよ。でもアニメを見ると、お姉ちゃんは莉嘉に対して怒りをぶつけたりつきはなしたりも結構してるんですよね（笑）。でも莉嘉の側はほぼ無条件でお姉ちゃん好き好きなんですよね。

松嵜　（莉嘉は）ケンカをしてもそれでお姉ちゃん嫌い、とはならないでしょ？

山本　私も兄弟多いけど、あの年頃だとちょっとしたことばでお姉ちゃん嫌いってなったりリスペクトなくなったりしますからね（笑）。でも莉嘉は表面的なことばだけじゃなくて相手の中身を見てるんだと思います。

松嵜　すっごく優しい子なんだと思う。でも自分の気持ちは曲げないし、お姉ちゃんとぶつかった事も最後は自分の道を進むことにつなげたのはすごい子だなぁと思います。

山本　みりあはすごく空気が読める子だと思いますね。負の感情を見せない。大人にストレートな疑問をぶつけるときも嫌みがないんですね。それは子供ゆえではあるけれど、莉嘉にはないものなので、天性だと思います。この子は子役としてどこまでもいけるんだろうなという可能性を感じます。

松嵜　ゲームやCDドラマでは子供らしくて明るくて元気で周りを笑顔にしちゃう子って印象だったんですけど、アニメでのお母さんとのやりとり（第17話）を見ていると「甘えちゃえよ、気持ち伝えちゃいなよ……！」って感じて、そこは新しい一面でしたね。でもそこでお母さんには迷惑をかけずに、自分で悩んで仲間と相談して乗り越えるのはしっかりした大人だなと思いました。

山本　長女気質だよね。莉嘉ならお母さんに対してもぽーんと言っちゃうと思うので、そこは妹と長女の差ですね。

黒沢　みりあ自身は素直に過ごしているのですが、一歩引いてみてみると笑顔を絶やさないんだけど、見ているともう大丈夫だよって言ってあげたくなる子なんですよね。ちゃんと周りに愛してもらえるんだなってお2人のお話を聞いて安心しました。

山本　母性が強いよね。母性ユニット。

松嵜　みんな優しいよね。

黒沢　きらりちゃんはお姉さんとしてすごくできた人で、もしきらりが姉だったら「もっとお世話させて」ってなっちゃうと思います（笑）。きらりはお姉さんな分いろんなことが見えているのに飲みこんでくれている感じがします。

山本　きらりはけなげですよね。みんなのことを俯瞰して見て、そのうえでみんなの悩みにも共感しちゃうから大変だと思いますね。それを包み込む優しさが人一倍あるからみんなに信頼されるんだと思う。

黒沢　お母さんみたい。

山本　お母さんかもね！

松嵜　ふふふ、そうだね。みんながハピハピになるのならお母さんになるよ（笑）。

――凸レーションのアフレコで印象に残ったことを教えてください。

松嵜　凸レーションは全体的に収録がスムーズだったよね。声を合わせるとことかもすっとあった気がする。

山本　いっしょに歌ったりするところもね。

黒沢　みんな属性が同じパッションなので、アニメ化される前からいっしょにお芝居をする機会があったユニットでした。

松嵜　「Orange Sapphire」のCDドラマとかでいっしょだったんじゃないかな。

黒沢　今までの延長で「こういう子たちだよね」と安心して演じていました。

山本　こういうふうにくるんだろうな、が想像できたので、台本チェックがすごくしやすかった。きらりが悩んだりするときはこういう音で話すんだ、って発見はあったかも。

松嵜　そういうシーンはきらりと杏ちゃんとの絡みのときが多かったね。だから莉嘉やみりあちゃんも、美嘉といっしょのときは凸レーションでいるときとは違う感情や音を見せてた気がする。

黒沢　個人的にあんきら（杏＆きらり）の話があって、2人がいっしょの姿がしっかり見られてうれしかったです。

――第26話の新作エピソードを演じた感想をお願いします。

松嵜　きらりが卯月にネイルをしてあげる描写があったんですけど、私も以前からいっしょにステージに立つ子にネイルをしたりしていたので、これがきらりに取り入れてもらえたのはうれしいなと思いました！　野球じゃなくてよかった（笑）。あと「シン選組ガールズ」でもせりふは「にょわー！」なんだなと（笑）。

黒沢　私はもう「よいではないかよいではないかー！」のイメージですね。サマフェスから引っ張っていたネタなので「またきたー！」って感じでした。

山本　正直私は莉嘉もシン選組で戦いたかった！　莉嘉とみりあのチャンバラが見たかったからうらやましかった。あと莉嘉はダイエットネタなんですけど、今回わりと中の人ネタがちりばめられていたじゃないですか。ん、これは私にやせろということかなと思いました（笑）。

松嵜　そんなメッセージ嫌すぎる（笑）。

山本　ライブに向けてね、ストイックに頑張りたいと思います。

――卯月の「なんじゃこりゃぁぁ」のせりふは松嵜さん直伝だとか。

松嵜　サマフェスできらりがやったあれだよって教えてあげました（笑）。私も結構マネージャーとかに聞いて研究してたので。

黒沢　あの瞬間はきらりじゃなかったですよね（笑）。

松嵜　あそこはもうきらりじゃなくていいって言われたの。ただ、別人になってしまうのは避けたくて、「なんじゃこりゃぁぁ」の「ぁぁ～」のところだけはかわいくしてきらり感をだしてやる！って思ってました。

――最終話の後、3人にはどんなふうになってほしいですか？

黒沢　莉嘉にはお姉ちゃんがいるし、きらりちゃんには杏もいるので、いつもずっといっしょにいてご飯も食べてって感じの間柄ではないと思うんですけど。お仕事のときに凸レーションで「久しぶりー」って集まったときには一発でぴったり息が合うような、そんな3人でいてほしいですね。

山本　莉嘉が凸レーションで得たものってすごく多くて、成長したなって感じてるんです。これはアニメでいちばん感じたことなので、莉嘉の今後のキーになるユニットだと思うんです。だからシンデレラプロジェクトや凸レーションという枠組がなくなったとしても、莉嘉はこの3人で集まることをすごく楽しみにしていると思います。凸レーションとしてもっといろんな曲も歌ってみたいですね。

松嵜　凸レーションはきらりがやりたいことが全部詰まったユニットなんです。原宿で、カワイイ衣裳で、3人の元気を集めてみんなを元気でハピハピにする。だからきらりは凸レーションで次何をやりたいかも、わくわくしながら考えてると思います。

――最後にメッセージをお願いします。

山本　「アイドルマスター シンデレラガールズ」もこれからまだまだいろいろな展開が待っていると思います。信じてついてきてくれる皆さんを絶対に楽しませることができるコンテンツだと思いますので、これからも応援よろしくお願いします！

黒沢　この作品ほど、ゲームやいろいろな展開があるなかのひとつとして〝アニメ〟が存在するコンテンツはなかなかないと思います。それは将来を見据えて長いスタンスでつくっている作品だからこそだと思うんですけど。本当に「アイドルマスターだから」できた経験をたくさんさせていただけて幸せです。これからも「アイドルマスター」と皆さんの力を借りて、楽しい思い出をたくさん作っていけたらと思います。

松嵜　ちょっと前のものから最新の絵まで入った本だそうなので、今までの「アイドルマスター シンデレラガールズ」を振り返りながら、これからを楽しみにしてほしいと思います。これから秋のライブもあるので、みんなパワーアップしてPちゃんを待っていたいと思います。アイドルたちの応援、よろしくお願いします！

莉嘉は相手の中身を見てるんだと思います。

山本希望

青森県出身、ヴィムス所属。よく動物園に行くゴリラ好きで、異性のタイプにゴリラを挙げるほど。最近はフリースタイルの即興ラップにハマっており布教に余念がない。出演作に「シュヴァルツェスマーケン」アイリスディーナ・ベルンハルト役、「アンジュ・ヴィエルジュ」マユカ・サナギ 役「蒼の彼方のフォーリズム」有坂真白役など。

今までの延長で「こういう子たちだよね」と安心して演じていました。

黒沢ともよ

埼玉県出身、マウスプロモーション所属。主な出演作に「響け！ユーフォニアム」黄前久美子役、「ポッピンQ」都久井沙紀役、「アクティヴレイド -機動強襲室第八係-」Liko役、「結城友奈は勇者である」犬吠埼樹役など。

UNIT COLUMN
キャストが選ぶ名場面

歌いながら歩くことで、街中を巻き込んだハピハピな空気をつくりだしていく3人。

きらりが2人のめんどうを見るだけでなく、莉嘉とみりあもきらりを支える対等な関係性。

歩きながら歌うシーン、みりあが手を差しだすシーンなどいろいろな候補が挙がるものの、凸レーションが原宿で迷子になってから、会場までお客さんを巻き込んで盛り上げていく一連のシーンで全会一致。「リアルで考えるとえっ!? てなるんだけど、実行して全部解決しちゃうパワーがすごい」「原宿だと、すごく華がある子たちじゃないと歌っていても埋もれちゃうよね」と、凸レーションすごい！かわいい！という話で大いに盛り上がった。第10話は助っ人アイドルが凸レーションの衣裳を着たこともあり、他キャストからも印象的な場面としてよく挙げられていた。

ASTERISK

*(Asterisk)

多田李衣菜役 青木瑠璃子

前川みく役 高森奈津美

RIINA TADA

ロックなアイドルめざしてます!

多田李衣菜

17歳、高校二年生のアイドル。「ロック」に漠然としたあこがれをもっているが、音楽知識はあまりないにわかロック好き。実はかわいいものも好きだったり、手慣れた手つきで自炊する家庭的なところがあったりの一面も。

常に首から提げているヘッドホンはもはや李衣菜の一部。写真のもののほかにも、多数のヘッドホンを所有している

第11話でみくと共同生活をしたときは、意見がまるで合わなかった。ちなみに李衣菜は目玉焼きに醤油派、みくはソース派

ロックを体現するアイドル・木村夏樹に出会い、自分にとっての「ロック」を見つめなおした。後に夏樹もユニットに参加

――ユニットを組むと知ったときの事を教えてください。

青木　最初に聞いたときは「あ……そう来るか」と思いました。

高森　この組み合わせなんだって驚きがいちばんだよね。アイドルのタイプで分けるイメージがあったから、クールとキュートの2人が組むと聞いて新鮮でした。でもユニットとして見ると、シルエットが似てる2人だなと思いました。

青木　身長や髪の毛の長さも似てるし、猫耳とヘッドホンってモチーフもあるし。

高森　並んだビジュアルはわりとしっくり来るんだな、へーって感じでした。

青木　ゲームはプロデューサーとのやりとりが中心なので、同年代の女の子同士のコミュニケーションは未知数でしたね。

高森　最初は絡みもなくて、初期の李衣菜はシャカシャカし(音楽を聴き)ながら話しかけるなオーラ出してたよね。

青木　でも話しかけてほしそうな顔はしてましたよ。めんどくさいやつなんです。

MIKU MAEKAWA

みくは自分を曲げないにゃ!

前川みく

15歳、高校一年生のアイドル。仕事のときに限らずふだんからネコミミを着用し、猫チャンアイドルとしてトップになるために大阪からやって来た。実は魚が苦手で食べられない。学校では眼鏡でやや地味な「前川さん」。

セルフプロデュースを怠らないなど、アイドルへ懸ける思いは人一倍。第5話では、なかなかデビューが決まらず焦る場面も

相性最悪(?)な李衣菜とのコンビに戸惑いつつ、デビューをめざし前を向く。ユニット曲の歌詞は2人が作詞した

同じ個性的なキャラをもつ先輩・安部菜々を応援し、自信を取り戻させたみく。菜々も*(Asterisk)に参加し、4人に

――お互いのキャラクターの好きなところは?

青木　みくは自分を曲げないにゃ!なところ。

高森　(李衣菜の)自分が好きな何かをつきつめているところかな。形から入る!

青木　ええ、形から入りますね(笑)。

高森　そういうところも含めて、李衣菜はすごく等身大な女の子だと思うんです。みくは「アイドルになりたい!」というモチベーションが最初からマックスだったけど、李衣菜はそれがあんまりない。

青木　李衣菜は熱があるのかないのかわかりにくくて、現代っ子ですよね。みくは自分がめざす道や理想がはっきりしていて、そこが魅力だと思います。

高森　李衣菜が自炊できるところ好きだよ。あの年でカレイの煮付けが作れる。

青木　ああ……(笑)。私カレイの煮付け作れないもん。李衣菜って意外と育ちがよさそうなんですよね。プロデューサーにも敬語が使えてるし。

高森　高いヘッドホン持ってたり、部屋の壁に画鋲でぶすぶす穴あけちゃう世間知らずなところがあったり、いいところの子だと思いますね。

――青木さんと高森さんのお互いの印象は?

高森　この作品で初めましてですね。

青木　ライブやイベントでいっしょになることは多かったんですけど、ファーストライブは練習もアイドルのタイプごとだったので、案外いっしょになる機会は少なくて。

高森　最近いっしょになる機会が増えて、(青木は)ポテンシャルが高いほうだと思いましたです。

青木　これ、無理やり言わせてませんからね。

高森　自分たちで作詞した「Ø ω Øver!!」のベースになる詞を瑠璃子が最初に上げてきた時点で、この子は何でもできてしまう子なんだなと思いました。何か苦手な事ある?

青木　……写真を撮られること(笑)。

高森　私も!　あとお外に出ること!

青木　大勢の人と交流することと!

高森　(笑)。でも「シンデレラガールズ」は毎回アフレコに参加するメンバーも座り順も違うんだけど、隣が誰でも仲よくやってる感じで。

青木　いい意味ですごくフラットな現場でした。最近のライブでは2人で何かすることが多いのでいろいろ相談するんですが、自分と同じような悩みをもっていたりして、共有しやすかったです。

高森　だいたい私も同じ事が不安で、ごめんそれわかんないって事はなかったですね。物の見方が近くてやりやすかったです。

青木　高森さんは自分が人見知りだとよく言ってるんですけど、私はあまり(高森に)人見知りされた記憶がないので、何でだろうとは思います。

高森　瑠璃子に人見知りしなかったのはたぶん、彼女がフラットな子だからなんですよ。私ぐいぐいこられるとすーっと引いちゃうほうなので、ほどよい距離感がいいんです。

――みくと李衣菜の関係性はどう変わっていきましたか?

高森　大きな転機は第11話の*(Asterisk)結成の話だよね。

青木　自分の主張をはっきり出してぶつかりあったので。李衣菜はそれまであまり熱量の高い話がなかったので、ちゃんとぶつかった結果まとまれたあの回は大きいですね。「解散にゃ!」とか「何でー!」とかことばは強いんだけど、とげとげしすぎないようにとか、いろいろと試行錯誤した回でした。

高森　あれ以降、後ろでアイドルたちがわいわいしてるガヤの中で、2人がケンカしている事がすごく増えたんですよ。やりとりはアドリブなことも多くて、キャラの並びや雰囲気はがらっと変わりました。

青木　解散アドリブ、たくさんやりましたね。

高森　第11話でアイマスならではと思うのは、みくと李衣菜が作詞しているシーンで「We're the friends!」が流れるんですけど、私たちあのシーンのためだけに歌収録してるんです。せ

ØωØver!!

作詞は２人の共同作業

ユニット曲は「オーバー」と読む。ロックっぽい曲調とタイトルだが、ØとØを猫口のωで結ぶと猫の顔文字になるのがポイント。作中で李衣菜とみくがつくった詞は、キャストの青木と高森自身が協力して手がけている。

りふじゃなくて、楽曲の詞に2人の関係性を代弁させる感じはすごく好きです。

青木　みくがめざすところがはっきりしているのに比べると、李衣菜がめざす「ロック」ということばはふわっと、漠然としていたんですね。で、そこが変わったかというと……李衣菜は自分が「こうなりたい」と明確には今でも考えてないんじゃないかと、最近思うんですよ。その場その場で起こる問題に対応して解決しようとしているのかなと。その辺りはまだうまくことばにできなくて、どうなんだろうなぁというのが今の気持ちです。

高森　みく個人の変化のきっかけはもっと前で、第5話のストライキ回だったと思います。自分ひとりで頑張らなくていいんだな、信じて待ってもいいんだなと思えるようになったことがいちばん大きかったと思います。

青木　＊（Asterisk）としては、お互いがやりたい事の中身にはあまり干渉しないというか。

高森　そちらはロック、こちらは猫、とりあえずやってみようみたいな感じはあったよね。

青木　でも尊重する、ぐらいの温度感。

高森　そう、相手を否定はしないんです。ネタでばかにはするんですけど（笑）。

青木　あれはプロレスですからね（笑）。

――物語の後半で、安部菜々と木村夏樹が入って関係性も変化しました。

青木　それまでのみくと李衣菜2人の関係はからっと晴れた太陽！みたいな色味だったのが。

高森　＊（Asterisk）は夏、野外の夏だね。そこになつきちが来て初めて地下のライブハウス感が出た。李衣菜がなつきちにあこがれ、みくが安部菜々にあこがれ。それぞれに影響は受けるけど、李衣菜は菜々にあこがれるみくも受け入れてくれて。

青木　もともと、同じ方向を向いているユニットでは別になかったんですよね。でも4人になっても＊（Asterisk）は＊（Asterisk）なので。

高森　そうか、＊（Asterisk）with なつななだもんね。

青木　李衣菜となつきちの関係はゲームで昔からあったもので、ファンの人は楽しみにしてくれていたと思うんです。それとは別にアニメでつくってきた関係性もあるので、どちらのつながりもきちんと成立させたいし、大切にしたいと思っていました。

高森　群像劇みたいなところあるよね。

青木　2人と2人の関係があって、そのうえで4人が集まってのまとまりがあったんだと思います。

――第26話では、劇中劇の「シン選組ガールズ」に出演しました。

高森　あー、みくたちはやっぱり斬られるんだな、あんまり強くはないんだなと思いました

李衣菜に何か一本、これだってものが見つかるといいなと思います。

青木瑠璃子

埼玉県出身、アトミックモンキー所属。出演作に「クロスアンジュ 天使と竜の輪舞」ノンナ役、海外ドラマ「ベイツ・モーテル」ヘイデン役など。ファミ通ニコニコチャンネル「青木瑠璃子のI have Controller」のパーソナリティも務めている。

（笑）。

青木 李衣菜がヘッドホンを捨てて、みくがそれにつまずいて斬られますって言われたときはマジかと思いました（笑）。

高森 かっこつけてヘッドホン捨てたり、余計な事するから。

青木 やられる役のおいしさがより出るように、いつもよりちょっと気取って演じた気がします。ヘッドホンしてる時点でツッコミどころなんですけどね（笑）。

高森 本編の後半は緊迫していて、第26話みたいなバラエティ回はあまりなかったので、最後の最後でシンセンな感じでわーっと楽しく収録できました。お祭り回をあんまり録りなれてないんだよね（笑）。

青木 シンセンでしたね、新選組だけに。

高森 重ねてきたね！ そうだよ、拾えるものは拾っていこう。

青木 ほかのユニットもたぶん言いますねこれ。

高森 言うね。新鮮だった、新選組だけに……。

――第25話の後、みくと李衣菜にはどんなふうになってほしいですか？

高森 第25話を見る限り、その後のみくはバラエティ班にいるみたいですね。アイドルって歌いたい子、ダンスがしたい子、きれいなお洋服が着たい子、それぞれにやりたい事があると思うんですけど、みくはオールマイティに何でもやりたいんだと思います。まだ描かれていないいろいろなお仕事の中で、なんでもできるアイドルになってくれたらと思います。あと、みくはだんだんネコミミを取ることを覚えだしている気がするんです。猫ちゃんアイドル界のトップを走りつつも、いろんなチャレンジをしてほしいですね。李衣菜とギターを弾いたっていいし、きっとアツアツおでんも食べられる子だよ。

青木 李衣菜はそのっち本当にギター弾けるようになるんじゃないかな。なつきちに限らず、シンデレラにはちゃんとロックな子たちがたくさんいるので。

高森 もっとちゃんとクールな子たちがいるよね（笑）。

青木 シンデレラプロジェクトだけが「シンデレラガールズ」じゃないので、そういうロックでクールな子たちにもまれてですね。歌でもいいし、ギターでもいいし。何か一本これだってものが見つかるといいなと思います。

――ロック以外の路線の李衣菜ってありだと思いますか？

青木 ゲームだとむしろ、本人はかわいい衣装も全然好きですよね。ありだと思います。ただギャップ萌えは大事だと思うので、基本はかっこよくいてほしいかな。

高森 李衣菜は受け入れのはばが広いよね。いいじゃんロックじゃーんって言われたら大体受けいれちゃいそう。

青木 そうなんですよ、だからそうやって乗せられたり流されたりして、かわいいかっこうも見せてくれるとすてきだなと思います。

――最後にメッセージをお願いします。

高森 アニメが終わってこんなに時間がたったのかという感じですが、今またとおして見返すと、違う楽しみがあると思います。いつまでもアニメを楽しんでもらいつつ、アイドルたちはきっと今も頑張っているので、皆さんもお仕事頑張ってください！

青木 何だろう、（お仕事＝プロデューサー業と考えると）プレッシャーをかけているのかな（笑）？ 本当に細かいところまでこだわっている作品で、自分もまだ気づけていないポイントもあると思うので、改めて見返してみたいと思います。皆さんもいっしょに楽しんでいただけたらと思います！

みくはオールマイティになんでもやりたいんだと思います。

高森奈津美

山梨県出身、プロ・フィット所属。喫茶店めぐりやイラストを描くことが趣味で、特技はどこでもすぐに眠れること。出演作に「ベルセルク」ニーナ役、「orange」村坂あずさ役など。

UNIT COLUMN
キャストが選ぶ名場面

水と油にも思えた2人だが、共同生活をしながら作詞をすることで、お互いを少しずつ理解していく。

最初は反応が悪かった客席だが、2人の懸命な「ニャー！ニャー！」の煽りと歌声に大歓声でこたえた。

高森が「ユニット名場面でいうとやっぱり結成までの話ですね」と第11話を提案。青木も「第11話のED、ミニステージで「Ø ω Øver!!」を歌うシーンがすごく好きなんですよ」と同意。『いぇーい！』とかいいよね！」と盛り上がった結果、満場一致で第11話EDのライブシーンに決定。第11話の＊（Asterisk）関連パートはスタジオにほぼ2人で収録したため、特に印象が強いとのことだった。

Other cut

Cinderella Project Unit CV Interview

Monthly Newtype Serialization

"Deremaga" Reprint

THE IDOLM@STER
CINDERELLA GIRLS
VISUAL
FAN BOOK

蘭子ちゃんと
かな子ちゃんに
インタビュー！

――撮影お疲れさまでした。今回の撮影、手ごたえはどうでしたか？

神崎　ククク……黒の衣をまといし我が姿、闇の力におののくがいい！（すてきな衣装、ぜひ見てください！）

三村　蘭子ちゃん、衣装もすてきだし、ポーズも決まってたね。すごいなぁ♪

神崎　クッ……秘められし思いを暴くのか、我が友よ……！（は、恥ずかしい……！　もう～、やめてよ、かな子ちゃ～ん！）

――神崎さんは、雑誌のモデルをしていたこともあるんですよね？

神崎　召喚の儀に応じ、盟約を果たしたまでのこと。（む、昔、何度か雑誌に載った程度ですけど）

三村　うわぁ～、だから落ち着いてたんだね。

――あの、三村さんは神崎さんが言いたいことがわかるんですか？

三村　はいっ！　何となくですけど、きっとこういうことが言いたいんだろうなあって、目を見ればわかっちゃうんです。……合ってるって思うんですけど、蘭子ちゃん、大丈夫だよね……？

神崎　我が友のことばは、福音となろう。ククク……！（うん、大丈夫だよ！）

――お２人は仲がいいんですね。三村さんは今回の撮影、どうでしたか？

三村　とっても緊張しちゃいました。笑顔になれているか、心配で……。

――すてきな笑顔だったと思います。

三村　えっ、本当ですか？　ありがとうございます！　私、撮影中は何とか落ち着こうって思って、お菓子作りのことを考えたりしていました。

――では、次の質問です。お２人がアイドルになろうと思ったきっかけは？

神崎　「魂の輝き」を現世の者たちに示さんがため……と言おうか。（私、自分をもっと知ってもらいたいな……って思ったんです）

三村　私はみんなを幸せにできるアイドルになりたいなぁって思ったんです。何て言いますか……お菓子を食べているときみたいに幸せになってもらえたらなぁ……って。

――お2人にとって、アイドルとは？

神崎　フム……いまだ闇の中と言おうか。暗闇を抜ける呪文を見つける旅は、これからであろう……。（まだ……私にはわかりません。でも、いつか答えが見つかるように、頑張っていきたいと思います！）

三村　私もまだわからないんですけど……。みんなを幸せにする、すてきな魔法をかけられる存在になれたらいいなって思います。

――ありがとうございました！

神崎　闇に飲まれよ！（お疲れさまです）

三村　はい、お疲れさまでした！……あ～、おなか空いた。蘭子ちゃん、後でドーナツ食べようね♪

全ページ次世代のトップアイドル満載！
MONTHLY
デレマガ
CINDERELLA MAGAZINE
8
AUGUST
Vol.01
Special Price
780マニー
新連載スタート！ TVアニメ2015年1月放送開始「アイドルマスター シンデレラガールズ」に登場するアイドルが、毎月雑誌の表紙を飾っちゃいます！ シンデレラガールズってどんな娘たちなの？ その疑問は、「デレマガ」を読めば解決！ アイドルを演じるキャストの撮り下ろし&インタビューも独占掲載！

神崎蘭子 × 三村かな子

かんざき・らんこ／４月８日生まれ。14歳。A型。身長156cm。スリーサイズはB81、W57、H80。趣味は絵を描くこと

みむら・かなこ／１月６日生まれ。17歳。O型。身長153cm。スリーサイズはB90、W63、H89。趣味はお菓子作り

教えてシンデレラ！一問一答

Q１：趣味は何ですか？

神崎　魔導書（グリモワール）に術式を刻むこと。（絵を描くことです♪）

三村　お菓子作りと、お菓子を食べることです！

Q2：好きな食べ物は何ですか？

神崎　ハンバーグ！　……で、ではなく、封じ込められし魔力の塊！　赤きエリクサー添え～～！

三村　クッキーに、ケーキに、チョコレートに、ビスケットに、マカロンに、あっ、アイスクリームに、ソフトクリームに、ドーナツに……。

Q3：やってみたいアイドル活動などはありますか？

神崎　我が仮初の姿を、魂の導くままに！（演技のお仕事とかも興味あります！）

三村　何だろう……。楽しいところにロケに行けるといいなって思います！

今年の夏の過ごし方は!?

三村　夏ですかぁ……。やっぱり暑い季節には、さっぱりとしたフルーツゼリーとかかな？　それとも、冷た～いアイスクリーム。フローズンヨーグルトもいいなぁ。……え？食べ物の話じゃないんですか!?

神崎　灼熱の業火が、生命を焼き尽くさんと降り注ぐ……！　我はひとり居城でシヴァの息吹に包まれながら、蒼の境界に思いをはせよう。（夏は暑くて苦手です。涼しい部屋で、海の写真を見るのはいいかも……♪）

今後の目標は!?

三村　もちろんステージにも立ちたいですし、ほかのお仕事も……。ゆっくりでいいので、いろいろやってみたいです。でも、その前にもう少しダイエットしなさいって言われてますから、あしたからダイエット頑張ります！

神崎　魂を同じくする者たちが集う大いなる祝祭！　そして、我が友たちと、約束の地へ赴かんっ！（やっぱりライブで歌いたいです。そして、いつかはみんなとステージで歌えればいいなって思います！）

shot by RYOJI FUKUOKA　hair & make by admix B.G (YUMIE OBA,KANAKO HIGASA)　text by YOSHIKATSU NAKAGAMI

動くシンデレラガールズたちを早く見たい!!

内田真礼 × 大坪由佳

うちだ・まあや／12月27日生まれ。東京都出身。アイムエンタープライズ所属。主な出演作は「甲鉄城のカバネリ」四方川菖蒲役、「斉木楠雄のΨ難」目良千里役ほか

おおつぼ・ゆか／6月11日生まれ。千葉県出身。EARLY WING所属。主な出演作は「ハンドレッド」レイティア・サンテミリオン役、「艦隊これくしょん -艦これ-」北上役、大井役ほか

神崎蘭子役・内田真礼と三村かな子役・大坪由佳に、シンデレラガールズへの思いやアニメへの意気込みをインタビュー！ 取材後には、神社へアニメのヒット祈願に行きました！

――アニメ化決定おめでとうございます！ 今のお気持ちを教えてください。

内田　びっくりしちゃいました。最初はカード一枚だった子たちがＴＶに行くなんて、巣立ってしまうようでちょっと寂しかったですけど（笑）。

大坪　アニメのストーリーが全然想像できないところも楽しみですね。

内田　蘭子は中二病真っただなかの女の子。ＣＤ化されたときに唯一、副音声がついたキャラクターなので、アニメになったらどうなるのか!?　すごく気になっています。

大坪　かな子ちゃんはいっぱい食べるところがかわいい女子です。アニメでかな子ちゃんが動きながら何かを食べるシーンがあったらうれしいなあって、期待しています！

――これまでシンデレラガールズとして活動してきたなかで、いちばん思い出に残っていることは？

内田　1stライブの練習かなあ……？　スタジオにこもって、みんなでしゃべったり練習したりしている時間がいちばん充実していたような気がします。

大坪　お菓子をつまみ合ったりとかして、本当に和気あいあいとしていたよね。

内田　大人数だったし、楽しかったね！

大坪　私は２周年記念イベントが思い出に残っています。1stライブの開催決定が発表されたときに、すごい量の「おめでとう!!」の声が聞こえて、うれしかったですね。

――アニメに向けて、やってみたいことは？

内田　ほかのアイドルと会話ができたらいいかなあと。蘭子らしさを貫いてほしい部分もありつつ、笑顔でみんなとなじんでいる姿も見てみたいです。

大坪　動くかな子ちゃんが見られれば本望ですけど、私もかな子らしく、現場にお菓子の差し入れとかできたらなあって。「プロデューサーさん、クッキーどうぞ」ってやってみようかと思います（笑）。

今月の「お願い！ シンデレラ」

次回は佳村はるか・山本希望・大空直美が登場！

⬆2人が出してくれたナイスアイデアに次回登場の佳村はるか、山本希望、大空直美がどんな形でこたえてくれるのか？　期待せよ！

次回の登場メンバーにやってほしいことを書いてもらうリレー形式のコラム「次の人にお願い！シンデレラ」。内田＆大坪の２人が出したお題は「城ヶ崎姉妹が率先して、智絵里ちゃんを巻き込み、プリクラふうの写真を撮る！」というもの。「お題を考えてください」とお願いしたところ、わりとすぐに思いついたようで、すらすらと色紙にしたためていた。

内田　城ヶ崎姉妹がギャルっぽいキャラクターなので……。

大坪　ギャルといったらプリクラ（笑）。でも智絵里ちゃんが「キャハッ☆」ってしているのが思いつかないから、姉妹が巻き込んで楽しそうにしている姿が見たいなって。

内田　姉妹役の２人がふざけてくれたら、すごくうれしいです！

シンデレラたちに輝きの魔法がかかりますように……

城ヶ崎姉妹と
緒方智絵里ちゃんに
ロングインタビュー！

――撮影お疲れ様でした！　手ごたえを聞かせてください。

莉嘉　ちょー楽しかった！　お姉ちゃんアタシどうだった!?

美嘉　あんまりはしゃぐんじゃないの！　ま、イケてたと思うよ★

緒方　う、うん！　2人とも……すっごくすてきだったよ……！　わ、私は助けてもらっちゃって……。

美嘉　そう？　ピュアな感じでよかったじゃん！

緒方　ピュア……？　えへへ……ありがとう……！

莉嘉　おねーちゃん！　アタシは？　アタシもぴゅあだったでしょー！

美嘉　アンタは落ち着きなさい。

――魅力的な皆さんですが、何か気をつけていることはありますか？

莉嘉　アタシは早寝早起き、ご飯はよくかんで食べてまーす！

美嘉　そーいう質問？　これ。アタシはやっぱボディケアかなぁ。いいにおいのクリーム使って、リラックスタイムってカンジ★

――緒方さんはどうですか？

緒方　わ、私は特に……。

莉嘉　うっそだー！　髪さらさらでいいカンジだよ～。

美嘉　天使の輪できてるじゃん！　かーわいい♪

緒方　えっえっ？　そう……かな？

莉嘉　さらさらなだけじゃなくて、ふわふわもしてて……ほんのりいいにおいがするよ～！

緒方　莉嘉ちゃん、く、くすぐったいよ……！

――楽しそうなところ、すみません（笑）。皆さんはどうしてアイドルになったんですか？

美嘉　読モやってたらスカウトされて。アイドルっていろんなコトするじゃん？　それが何か楽しそうで、どうせやるならトップめざそうって思って。

莉嘉　アタシはお姉ちゃんみたいになりたくて！　マネっこじゃないよ？　目標だよ、も・く・ひょ・う！

緒方　わ、私は……自信とかは全然ないんですけど……アイドルって誰かを幸せにできる存在だと思って……それができたら……いいなって。

――では皆さんにとってアイドルとは何でしょうか？

美嘉　んー、自分を試せる世界、かな。どこまで行けるか、やってやろうじゃん！　ってカンジ。

莉嘉　お姉ちゃんカッコイイ！　じゃなくて……。めちゃイカしてて、サイッコーに楽しい、みたいな？

緒方　こんな私でも……できることがあるんだって思える……とってもすてきなお仕事……だと思います。えへへ……ちょっと恥ずかしいな。

――ありがとうございました！

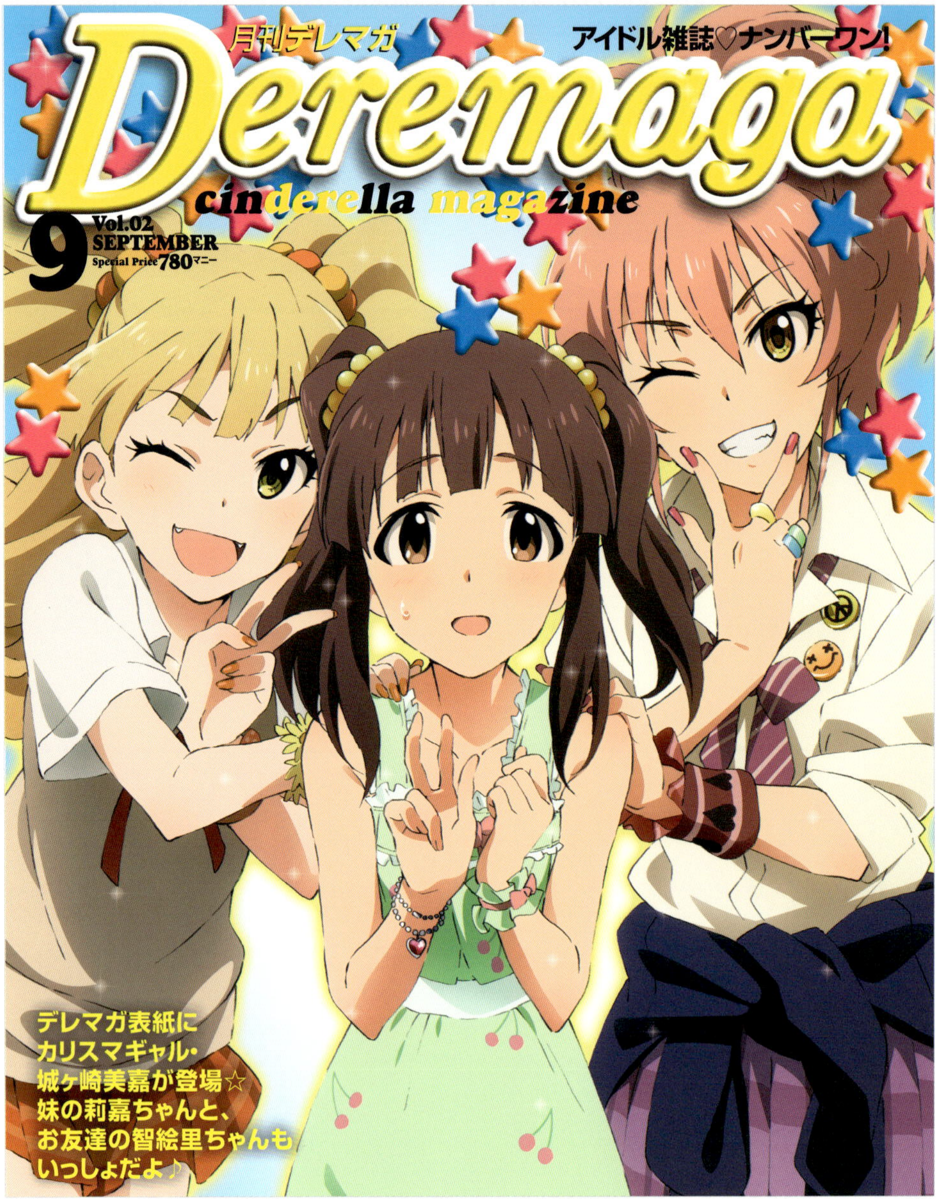

城ヶ崎莉嘉 × 緒方智絵里 × 城ヶ崎美嘉

じょうがさき・りか／7月30日生まれ。12歳。B型。スリーサイズはB72、W54、H75。趣味はシール集め

おがた・ちえり／6月11日生まれ。16歳。A型。スリーサイズはB79、W55、H80。趣味は四葉のクローバー集め

じょうがさき・みか／11月12日生まれ。17歳。AB型。スリーサイズはB80、W56、H82。趣味はカラオケ

教えてシンデレラ！一問一答

Q1：莉嘉さん、特技はありますか？

莉嘉　虫捕り！　カブトムシ捕まえるんだったら、誰にも負けないよー☆

Q2：美嘉さん、弱点はありますか？

美嘉　……虫。セミの抜け殻とか、ムリムリー！

Q3：緒方さん、何か習慣はありますか？

緒方　寝る前に……ホットミルクを飲んでます。怖い夢見ないように。

Q4：急なオフ！　何をしますか？

美嘉　ネイルサロン！　ペディキュアまでやってもらう！

莉嘉　ショッピング！　またお姉ちゃんといっしょに池袋行きた～い！

緒方　公園でピクニック……クローバーも見つけられたらいいなぁ……。

将来の夢を教えて☆

美嘉　しょしょ将来!?　そりゃその、誰かの、お、お嫁さんに……って何言わせんのよ！

莉嘉　背が高くてすらっとしててぇ、けどボンキュッボーン！　でナイスバディな、オ・ト・ナ☆　あ～、今大人のアタシを想像したでしょ～！　や～ん！

緒方　私、おくびょうなので……それを克服したいなって……どーん、と構えて、もっと自信をもてたら……。ひゃっ！　あ、早速驚いちゃいました……。

なんでも相談局！

美嘉　なになに？ ファンからの質問に答えよう！ のコーナー？

莉嘉　質問は……「好きな人に告白！」だって！

緒方　考えただけで緊張しちゃって……キュ～。

美嘉　ちょっ、ちょっと、智絵里ちゃん！

莉嘉　アタシだったらぁ、ちょいセクシーなカッコして、夜景がきれいな場所で、ムードたっぷりに……。

美嘉　アンタはどこでそんなこと覚えてくるの！

莉嘉　お姉ちゃんは？

美嘉　あ、アタシぃ!?　アタシはその、手紙で……。でも、やっぱり直接言いたいから、呼び出して……。

莉嘉　ふんふん、それで、それで？

美嘉　もう、からかわないでよ！　莉嘉のバカー！

緒方　美嘉ちゃん……かわいい。

美嘉　智絵里ちゃんまで……！　もうこの質問おしまい！

今回は城ヶ崎姉妹と智絵里を演じる
山本希望、佳村はるか、大空直美に
インタビュー！
そして取材後のロケ撮影は、
ギャルの街・渋谷に繰り出しました！

姉妹にすごくあこがれます！（大空＆佳村）

山本希望 × 大空直美 × 佳村はるか

やまもと・のぞみ／8月9日生まれ。青森県出身。ヴィムス所属。主な出演作は「シュヴァルツェスマーケン」アイリスディーナ・ベルンハルト役、「アンジュ・ヴィエルジュ」マユカ・サナギ役ほか

おおぞら・なおみ／2月4日生まれ。大阪府出身。青二プロダクション所属。主な出演作は「ももくり」水山のりか役、「装神少女まとい」草薙ゆま役ほか

よしむら・はるか／2月14日生まれ。大阪府出身。アイムエンタープライズ所属。主な出演作は「フューチャーカード バディファイトDDD」ブレザーフリル役、「学戦都市アスタリスク」リムシィ役ほか

――佳村さんと山本さんは姉妹の役を演じられています。

佳村　役のうえでは私が姉ですが、声優としては希望ちゃんのほうが先輩なんです。だから最初は敬語でずっとしゃべっていたんですけど、ある日、ダンス練習のときに……。

山本　たまたま私の手がお姉ちゃんのおしりに触れて、そうしたら「うぎゃー！」ってすごい反応をするから、おもしろくなってわざとおしりを触りつづけたんですね。そこから始まって、いつの間にかジャイアントスイングを掛け合っていたという（笑）。

佳村　それがきっかけで敬語が抜けました（笑）。

山本　私もそのまま、プライベートでも「お姉ちゃん」と呼ぶようになって。実際は5人姉弟の長女なので、私が「お姉ちゃん」といえば佳村はるかのことなんです。

大空　私も長女で弟がいるんですけど、すごくしっかりしていて弟がお姉ちゃん的存在というか（笑）。姉妹も欲しかったかもしれないです。

佳村　服の貸し合いとか、あこがれますね。私も兄しかいないので。

――シンデレラガールズの活動で思い出に残っていることは？

大空　私が初めて皆さんの前で歌ったり踊ったりしたのが、6月29日の「サマデレ2014」というラジオの公開録音イベントでした。ちょうど1年前の6月30日が、声がついた智絵里ちゃんが世に出た記念日だったので、胸がジーンとしましたね。

佳村　私が最初に人前で歌ったのも「デレラジ」の公開録音でした。正直、カラオケにもほとんど行かないくらい人前で歌うのが苦手だったんですけど、プロデューサーの皆さんが盛り上げてくださって、本当に歌ってよかったなというのがいちばんの思い出です。

山本　私はやっぱり2月にさいたまスーパーアリーナで行なわれた、すべての「アイドルマスター」が集まったライブですね。そこでアイマスファミリーの仲間入りができた気がしますし、ひとつの舞台をみんなでつくった思い出が強く刻まれています。

佳村　4月にアニメ化の発表ができたときも、すごくうれしかったですね。

大空　私も感激しちゃいました！

山本　今後もプロデューサーの皆さんが熱く高まったまま、アニメの放送開始日を待ってくれていたらうれしいなって思います。

――ありがとうございました！

➡前回のお題「姉妹役の2人が大空を巻き込んでプリクラふう写真を撮る」

今月の「お願い！ シンデレラ」

次回は五十嵐裕美・松嵜麗が登場！

次回の登場メンバーにやってほしいことを書いてもらうリレー形式のコラム「次の人にお願い！ シンデレラ」。五十嵐裕美と松嵜麗が演じるのは身長139cmの双葉杏と185cmの諸星きらりという凸凹コンビ。そこで3人は、こんなことを思いついていた。

山本　次回は……あんきら（杏＆きらり）かあ。

大空　そりゃあもう、ひざまくらですよね！

佳村　え？　風車じゃなくて？

山本　どんな必殺技!?（笑）　きらりと杏ならできそうだけど。

佳村　五十嵐さんがめっちゃ怒るよ、絶対（笑）。

……というわけで、次の人へのお願いは「杏ときらりにひざまくらをしてほしい」に決定！ＣＶの2人はキャラクターほどの身長差はないと思われるが、はたしてどうなるのだろうか!?

shot by RYOJI FUKUOKA　hair & make by addmix B.G (YUMIE OBA, SHOKO MATSUI & SAYURI YAMAMOTO)　text by YOSHIKATSU NAKAGAMI

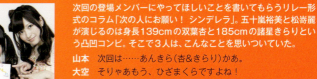

双葉杏ちゃんと諸星きらりちゃんにロングインタビュー！

——お2人とも撮影お疲れ様でした。

諸星　杏ちゃ～ん！　次はぁ、このぉきゃわいい☆　お洋服着て撮るにぃ☆

双葉　なんか着るの大変そう……。きらりが着せてくれるならいーよー。

諸星　にょわ～☆　じゃあ、早速ぅお着替えタ～イム！

——……インタビュー開始してもいいでしょうか？

諸星　いっけな～い！　お仕事中だったにぃ。はんせいはんせい☆

双葉　えー？　これインタビューもあるの～？　じゃあ、どこかでゆっくり冷たいものでも飲みながら……。

諸星　パフェがちょーおっきくてぇ、イチゴた～っぷりのきらりオススメのカフェに行くにぃ☆

——えっ!?　この後もお仕事があると聞いていますが……？

双葉　え～そうなの？　気分を変えたほうが仕事もはかどると思ったのに。

諸星　杏ちゃんは優しいにぃ☆　きょうの撮影もバッチシだったもんねぇ☆

——確かに、双葉さんは撮影を一回で決めてましたね。

双葉　ま、何度も撮り直すのはめんど……スタッフの人に申しわけないからね。杏だってプロだから。

諸星　杏ちゃんはぁ、頑張り屋さんなのぉ☆

——一見正反対に見えるお2人ですが、仲がいいんですね。

諸星　ぜぇんぜん違うからぁ、杏ちゃんといるとちょー楽すぃよ！　ちっちゃくてかわいいところとかぁ、いーっぱい大好きなところあるにぃ☆

双葉　きらりは恥ずかしいこと平気で言うね……。

諸星　もしかしてぇ照れてりゅ～!?

双葉　べつにー。

——そんなお2人がアイドルになったきっかけはなんですか？

諸星　きらりはぁ、きらきらしたものが、だぁーいすきなの☆　アイドルの衣装ってぇ、すっごくきらきらしててカワイイしぃ、みんなではぴはぴ☆できるから、きらりアイドル大好きなの。

双葉　杏は印税……いや、疲れた世の中に夢を与えようと思ってかな、うん。

——なるほど。お2人にとってアイドルとはなんでしょうか？

諸星　かわいくってぇ、とっても楽すぃ、すてきなもの☆　きらりんビームでみんなをはぴはぴさせちゃうの☆

双葉　………。

——双葉さん？　あれっ？　いつの間にか双葉さんがウサギの人形に……。

諸星　きらりが代わりにお答えすりゅ～！　と～ってもきゃわゆぃ杏ちゃんはぁ、まるで妖精さんみたいにぃ、見てるだけで、はぴはぴ☆　な気持ちになれるにぃ。本人はちょっと照れ屋さんだけどぉ、と～ってもアイドルに向いてると思うにぃ☆

——ありがとうございました！

月刊シンデレラマガジン
アイドル界屈指の凸凹コンビを直撃!
デレマガ
10
October 2014
Vol.03
特別定価780マニー
話題騒然の身長差コンビ、
185cmのきらりちゃんと、
139cmの杏ちゃんに
グラビア取材! 2人の世界に
記者もタジタジ!?

双葉 杏　×　諸星きらり

ふたば・あんず／9月2日生まれ。17歳。B型。スリーサイズはB？、W？、H？。趣味はなし

もろぼし・きらり／9月1日生まれ。17歳。O型。スリーサイズはB91、W65、H87。趣味はかわいい物集め

教えてシンデレラ！一問一答

Q1：趣味は？

諸星　きゃわいいものを集めるのが、だぁいすき☆

双葉　んー……ゲームはよくやってるかな。最近のゲームは途中でやめれていいよね。

Q2：諸星さん、特技はありますか？

諸星　きらりんビーム☆☆☆　びびっときたぁ？

Q3：双葉さん、好きな食べ物はありますか？

双葉　飴。飴うまー。アイスキャンディーでもいいけど？

Q4：2人でお仕事！　どんなお仕事をしたいですか？

諸星　杏ちゃんとお仕事なんてぇちょーうれすぃ～☆　きらっきらのぉステージでぇ、きゃわいい衣装で、みーんなはぴはぴなライブ！

双葉　え～……仕事かあ……。まあ、プロデューサーにまかせるよ。え、ステージ？　隣に立って応援してるよ。頑張れ～。

【あんきら】ゲーム実況 part1

双葉　ゲーム実況ぉ？

諸星　わ～、ぱちぱち～！

双葉　なに、この企画？　おもしろいの？

諸星　ねぇねぇ、このボタン押すとどうなるにぃ？

双葉　え～？　これを押すとキャラが歩いて。そこで避けて……そうそう、きらり、意外とうまいじゃん。

諸星　えっへん！　きらり、ゲームの才能ある？　ある？

双葉　あ、そこトラップ。

諸星　ハイッ！　杏隊長ー！　指示おにゃーしゃーす！

双葉　次避けて、後ろからも来るぞ！

諸星　うきゃ～！　杏ちゃん助けてぇ～！

双葉　ほら、貸して貸して。ここからが難しいんだ。いいか、見てろ。

諸星　よーし！　このまま実況続けるにぃ☆

双葉　しまった……まんまと乗せられて……あーもう、きょうはとことんゲームしてやるー！

将来の夢はなんですか？

諸星　にょわー☆　きらりんにはでっかい夢があるにぃ☆

双葉　どーせ、みんなではぴはぴでしょ？

諸星　それは絶対にぃ☆　ほかにもあるの！

双葉　ふ～ん、聞いたことあったっけ？

諸星　にょにょ☆　えーい☆

双葉　わぁっ！　何するんだきらりぃ！　はーなーせー！

諸星　杏ちゃんと……きらりんハウスを完成させること☆

双葉　げっ！　まだきらりんハウス作ってるの!?

諸星　ちょっとずつ、きゃわいいもの集めてぇ、ちょ～カンペキ☆　なお部屋にしてるにぃ☆　杏ちゃんにも見てもらうにぃ☆

双葉　わ～!!!　うさぎはどこだ～！　こ、……交代～！

諸星　うさぎさんはぁ、もうきらりんハウスの仲間にぃ☆

双葉　うらぎりもの～！

shot by RYOJI FUKUOKA　hair & make by addmix B.G (YUMIE OBA & SHOKO MATSUI)　text by YOSHIKATSU NAKAGAMI

負けないぞ！

ゲームで対戦！

……

杏ちゃーん！

「ハピ☆ハピ ver.」はこうして生まれた！

五十嵐裕美 × 松嵜 麗

いがらし・ひろみ／12月13日生まれ。北海道出身。マウスプロモーション所属。主な出演作は「ハイスクール・フリート」ヴィルヘルミーナ役、「迷家-マヨイガ-」リオン役ほか

まつざき・れい／5月31日生まれ。福岡県出身。マウスプロモーション所属。主な出演作は「れい＆ゆいの文化放送ホームランラジオ！」パーソナリティ、「GUILTY GEAR Xrd -REVELATOR-」蔵土縁紗夢役ほか

双葉杏・諸星きらりの「あんきら」コンビを演じる五十嵐裕美、松嵜麗にインタビュー！ インタビュー取材の舞台は……きらりんハウス!?

――杏ときらりは、いわゆる〝あんきら〟コンビとしても人気のキャラクター。2人それぞれ、そしてコンビとしての魅力はどんなところだと思いますか？

五十嵐　杏は最初に出てきたときはとにかく「働きたくない」という、アイドルとしては前代未聞な感じのキャラクターでした。それがだんだんと「やりたくないなりに頑張っている」というところが出てきて、それが魅力になってきたんじゃないかなと思います。そこには、きらりの力もあるのかな？　振り回され、つきあっているうちに、「こういうのも悪くないかな」と杏も思えるようになってきたというか、居心地がいいんだろうなって。ダメな彼氏っぽいですけど(笑)。

松嵜　きらりは口調がちょっと変わっていたり、テンションが高すぎたりというところもあるんですけど、中身はただ一生懸命に、純粋に頑張っている女の子です。かわいいものが大好きだから、杏のかわいさをもっとみんなに伝えようと思って引っ張っているところも、いいコンビだなって思います。きらりのよさをいちばんわかっているのも、杏なんじゃないかなって思いますね。

――これまでシンデレラガールズとして活動してきた中で思い出に残っていることは？

五十嵐　やっぱり〝あんきら〟での「お願い！シンデレラ」の収録ですね。最初は「省エネver.」ということで私が先にレコーディングしていたんですけど、後から来たきらりが「こういうことしたいんです！」と言い出して。

松嵜　せっかくだったら何とかあんきららしさを出したいと思って、合間のせりふとかを考えてきたんですね。そうしたら採用していただいて、さらに合いの手とかも増やしてもらえて、気づいたら「ハピ☆ハピver.」になっていました。

五十嵐　世には「省エネver.」として出ていたものが変更になったのは私たちのせいなんです(笑)。

――アニメに向けての意気込みをお願いします。

松嵜　きらりと杏のいろんなところを私たちも見たいし、皆さんにも見てもらいたいなと思います。ライブでもいろんな曲を歌ってみたいですね。

五十嵐　自己紹介みたいなソロ曲だけじゃなくていわゆる、アイドルマスターっぽい曲も欲しいです！

←前回のお題「松嵜が五十嵐にひざまくらをしてほしい」

今月の「お願い！ シンデレラ」

次回は青木瑠璃子・黒沢ともよ・高森奈津美が登場！

次回の登場メンバーにやってほしいことを書いてもらうリレー形式のコラム「次の人にお願い！シンデレラ」。松嵜がすらすらと色紙にしたためたのは「ギター＝李衣菜、ピアニカ＝みりあ、ボーカル＝みくによるガールズバンド」！

松嵜　李衣菜役の瑠璃子さんはライブでいつもエアギターなんです。なので、そろそろ彼女にギターを持たせてあげたい！　あと、みりあちゃんにピアニカを持たせたいと五十嵐さんが言っていました(笑)。

五十嵐　やっぱり、ちっちゃな子にはピアニカだと思うので。

松嵜　ボーカルをみくにゃんにしたのは、手は〝にゃんにゃん〟しておきたいので、両手を空けておきたいなということで。

五十嵐　できればスタンドマイクがいいな！

多田李衣菜ちゃん・赤城みりあちゃん・前川みくちゃんにロングインタヴュー！

――撮影お疲れ様でした。

赤城　ありがとうございます！　ねぇねぇ、私上手にできたかなぁ？

多田　うん。なんていうか、ロックの才能を感じたね。

前川　ちょっと、なに言ってるにゃ。みりあちゃんからは、かわいいネコちゃんになる才能を感じたにゃ！　はい、みりあちゃん♪

赤城　わぁ～、ネコミミ！　私もネコになっちゃった～！　すごいすごーい！

多田　それ、いつも持ち歩いてるわけ？

前川　もちろんにゃ。ファンの人にも付けてもらって、みんなでニャーってコールするのが夢なんだもん！

――「にゃー！」コールですか。ライブで盛り上がりそうですね。

前川　そうでしょ!?　かわいいステージで大盛り上がり間違いなしにゃ！

多田　私はもっとクールなステージがいいな。熱いサウンド、激しく光る照明！　あ、野外フェスもいいなぁ。う～ん、ロックだぜ！

赤城　私はいっぱいお歌が歌えて、かわいい衣装だとうれしいなぁ。

――アイドルになったきっかけは？

赤城　アイドルになったら、かわいいお歌とか、かわいいダンスとか、それにそれに、い～っぱい楽しいことがあるって言われたんだ！　だから、パパとママに相談して決めたの！

前川　みくは一番になりたいからにゃ！　かわいいネコミミアイドル、ナンバーワンになるにゃ！

多田　なんていうか、アイドルって存在がロックって感じがしたからかな。

前川　またロックって言ってるにゃ。李衣菜ちゃんのロックは謎すぎるよね。

多田　そ、そんなことないって!?　私のロックはなんていうか、あ～、スタンダードだって思うよ？

――では皆さんにとってアイドルとは？

赤城　と～ってもかわいくて、楽しい感じもして、とにかくわくわくするもの！

多田　最高にロックな存在かな。ファンといっしょにステージをつくるのは、なかなか、ロックだよね！

前川　最高にかわいいにゃんにゃんエンターテイメントにゃ！　ファンもみくもいっしょに楽しめるから、頑張るにゃ！

多田　ちょっと、なんかまねしてない？　今更私のマネとかしないでよね？

前川　そんなことするわけないでしょ!?　李衣菜ちゃんこそ、実はネコミミアイドルやりたいんじゃない!?

赤城　わあ、2人ともとっても仲よしだね！　ねえねえ、インタビュアーさんも仲よしさんのほうがいいって思うよね！

――そうですね。

前川・多田　ギク！　……そ、そうでーす！　2人とも仲よしで～っす！

赤城　よかった～！　えへへ♪

――……インタビューありがとうございました！

次世代のシーンを担う美少女たちを総力特集！
11
月刊シンデレラマガジン
November 2014 Vol.04
SPECIAL PRICE 780マニー
deremaga
タイプもバックグラウンドも
違う3人が集まったとき、
何かが起こる……
みくちゃん、みりあちゃん、
李衣菜ちゃんにインタヴュー！

多田李衣菜 × 赤城みりあ × 前川みく

ただ・りいな／6月30日生まれ。17歳。A型。スリーサイズはB80、W55、H81。趣味は音楽鑑賞

あかぎ・みりあ／4月14日生まれ。11歳。AB型。スリーサイズはB75、W55、H78。趣味はおしゃべり

まえかわ・みく／2月22日生まれ。15歳。B型。スリーサイズはB85、W55、H81。趣味は猫カフェめぐり

教えてシンデレラ！一問一答

Q1：趣味は？

前川　ネコカフェめぐり！みんなと～ってもかわいいにゃ♪

多田　音楽鑑賞。あとヘッドフォン集めとか。これがいまオススメのヤツ。かっこいいでしょ？

赤城　学校のお友達とおしゃべり！

Q2：多田さん、オススメのロックな音楽はありますか？

多田　ふっ……自分で好きなものを見つけてこそ、ロックでしょ？

Q3：前川さん、好きなネコはどんな種類ですか？

前川　にゃにゃっ!?　ロシアンブルーにメイクーン、キジトラにはちわれ……選べないにゃ！　この質問、意地悪にゃ～！

Q4：赤城さん、ロケで行くならどんなところがいいですか？

赤城　えっとね、公園に遊園地……あと動物園！　あ、今度、遠足で動物園に行くから調査してくるね♪

Road to 武道館 まずはバンド結成！

多田　私がギターとボーカルかな～。みりあちゃんはピアニカで、みくちゃんはタンバリンね！

前川　なんでみくが、タンバリンなのにゃ!?

赤城　私ピアニカ得意だよー！　ほらみて！　ピュ～♪

多田　いい感じ！　曲はどうしよっか？

前川　みくをほっとかないでってば!?　あのね、みくはかわいいメロディで、にゃんにゃんダンスができる曲！　衣装はピンクのフリフリで、ネコミミは外せないにゃ！　バンド名は「キャット☆ドリーム」とか！

多田　なにそれ、センスなさすぎ。ちゃんとロックバンドにしようよ。

赤城　でも、カワイイ衣装でギター弾いてたらかっこいいと思うなあ。

多田　そ、そう……？

前川　じゃあ、決まりにゃ！　早速プロデューサーさんにお願いするにゃ！

赤城　おー！

多田　うーん……これって本当にロックなのかな……？

将来どんなことがしたい？

赤城　あ。この質問、宿題の作文とおんなじだ～！　作文にはカワイイアイドルになりたいです、って書いたんだけど。ほんとは、ちょっぴり大人っぽいお姉さんになりたいの！　でも、恥ずかしいからないしょなんだぁ～！　えへへ☆

前川　モフモフなネコちゃんい～っぱいの、ネコ王国をつくるにゃ！　幸せいっぱい夢いっぱいにゃ！　そんなところでライブできたらとっても幸せにゃ～♪

多田　ギター弾きながらライブすることかな。

アイドルマスターとは切っても
切れない〝音楽〟。今月はライブハウスで
ノリノリ撮影！ インタヴューでは
音楽経験について切り込んでみた！

自分のキャラがバンドを組んだら!?

黒沢ともよ × 高森奈津美 × 青木瑠璃子

くろさわ・ともよ／4月10日生まれ。埼玉県出身。マウスプロモーション所属。主な出演作は「響け！ユーフォニアム」黄前久美子役、「アクティヴレイド -機動強襲室第八係-」Liko役ほか

たかもり・なつみ／2月14日生まれ。山梨県出身。プロ・フィット所属。主な出演作は「orange」村坂あずさ役、「ベルセルク」ニーナ役ほか

あおき・るりこ／3月24日生まれ。埼玉県出身。アトミックモンキー所属。主な出演作は「クロスアンジュ 天使と竜の輪舞」ノンナ役、海外ドラマ「ベイツ・モーテル」ヘイデン役ほか

――李衣菜・みりあ・みく、それぞれの魅力やアピールポイントは？

青木　李衣菜はロックが好きなのですが、すぐに飽きてしまうところがあるようで……ギターも「3日で飽きた」という設定があるんです（笑）。でも、やりたいと思ったことをすぐ行動に移せて、それを楽しめるってすごいことだと思いますね。

高森　みくはネコミミをつけて生活しているという見た目のインパクトがありつつも、芯はしっかり通っているんだろうなあと。愛されキャラだなというふうにも思っています。

黒沢　みりあはキラキラしたものが大好きで、それを得るために頑張る努力は惜しまない子です。年齢が11歳という、幼さゆえのエネルギッシュなところもありますね。

――今回の撮影では、青木さんがついに本物のギターを持てたということで。

青木　肩にかけると結構重くて、びっくりしました。持ち方も初めて教わったので、ギターをやっている人から見ると「なんだ、これは!?」という状態になっていると思うんですけど、楽しかったです。

――黒沢さんのピアニカと高森さんのスタンドマイクも前号の五十嵐裕美さんと松嵜麗さんのチョイスですが。

黒沢　ピアニカは小学校の卒業式で披露した記憶があるので、ちょうど6年ぶりくらいですね。家でチューブを洗ってくる宿題があったのを思い出して、懐かしくなりました。

高森　スタンドマイクの持ち方は、吉川晃司さんのＤＶＤを見て研究してくればよかったと後悔しています（笑）。スタンドを回して、蹴ってみたかったですね。

――みりあ・みく・李衣菜の３人でバンドを組むとしたら……？

黒沢　みりあは結構まじめで堅実な子なので、ベースをやったらバンドは安定するんじゃないかと思います。ドラムはたぶん体力が足りないので……。

青木　李衣菜はそりゃあ、ギターですよ！　飽きちゃったこともあるけれど、ちゃんと挑戦すればできる子だと思います！

高森　ギター、ベースと来て、バランスが最高に悪くなるんですけど、みくの曲はジャズなのでサックスを吹こうかなと（笑）。

黒沢　サックスのいるバンドってかっこいいですよね！

➡前回のお題「ギター＝青木、ピアニカ＝黒沢、ボーカル＝高森によるガールズバンド」

今月の「お願い！ シンデレラ」

次回は上坂すみれ・洲崎綾が登場！

次回の登場メンバーにやってほしいことを書いてもらうリレー形式のコラム「次の人にお願い！シンデレラ」。次回は新田美波（CV＝洲崎綾）とアナスタシア（CV＝上坂すみれ）のクール属性コンビが登場ということで、こんなぐあいに話がまとまりました。

青木　クールなイメージに合う感じというと……？
高森　茶室！　お茶をたててもらいたい!!
黒沢　確かに上坂さんとか和洋折衷の着こなしが似合いそう！
青木　ロシア人のアナスタシアが茶道に挑戦して、育ちのよさそうな新田さんが教えているという感じかな？
黒沢　和室で撮影するのとか、いいかもしれないですね。
青木　せっかくだから京都まで行く!?　銀閣寺の茶室とか（笑）。
黒沢　まとめると「茶道に挑戦！」ということで。

shot by RYOJI FUKUOKA　hair & make by addmix B.G (YUMIE OBA, KANAKO HIGASA & YAYOI SASAKI)　text by YOSHIKATSU NAKAGAMI

クロストーク
アナスタシア×新田美波

——撮影お疲れ様でした。

アナスタシア（以下、アーニャ） バルナバーツァ……緊張しました。

新田 私もすごく緊張しちゃって……笑顔、強張ってなかったかな？

アーニャ ンー……すてきでした。自然体ですね。

——お2人ともすてきでしたよ。

アーニャ スパシーバ……ありがとうございます。

新田 ありがとうございます！ でも、面と向かって言ってもらえると、照れちゃいますね。えへへ……♪

アーニャ ……美波、顔赤いですね。

新田 ヤダ！ もう、からかわないでよ、アーニャちゃんってば～！

——次、また撮影があったらどんなふうに撮られたいですか？

新田 そうですね……アーニャちゃんといっしょなら、雪原で撮影なんてすてきかもしれません。ステージ衣装だと、ちょっと寒いかもしれませんけど。

アーニャ ダー……雪、とてもきれいです。スノードーム……のようなセットはどうですか？ それなら寒くないです。

新田 それもすてき！ でも、お仕事だから、ちょっとくらい寒くたって我慢しないと！ 美波、頑張ります！

アーニャ 私も雪の中の撮影、やってみたいです。小さいころを思い出します。

——雪の中ですか。なかなか大胆ですね。

新田 いろんなことにチャレンジできるのが、アイドルのすてきなところだと思います。

アーニャ ヴィーザフ……私も、挑戦したいです。

——そんなお2人がアイドルになったきっかけはなんですか？

新田 今までに経験したことがないことに興味があって。アイドルのお仕事を通じて、新しい自分になってみたいなって思ったんです。

アーニャ ンー……難しい質問、ですね。私、ズヴィズダ……星好きです。アイドルは、きらきら輝いて、星に似てますね？ そんな存在になりたい、と思いました。

——なるほど。お2人にとってアイドルとはなんでしょうか？

新田 新しい自分、新しい世界を見せてくれるもの、です。まだ語れるほどの経験はありませんので、もっともっと勉強していきたいです！

アーニャ ナジェージタ……希望、です。応援してくれる人たち、私たちを見て元気になります。いっしょにワクワクします。とても、すてきです。

新田 私もアーニャちゃんから元気もらってるよ！

アーニャ ダー……私も美波といると新しい世界、見えます……ね♪

——インタビューありがとうございました！

アナスタシア × 新田美波

あなすたしあ／9月19日生まれ。15歳。O型。スリーサイズはB80、W54、H80。趣味はホームパーティ、天体観測

にった・みなみ／7月27日生まれ。19歳。O型。スリーサイズはB82、W55、H85。趣味はラクロス、資格取得

教えてシンデレラ！一問一答

Q１：趣味は？

新田 資格取得と、大学のサークルでやっているラクロスです。

アーニャ 天体観測、好きです。

Q２：新田さん、髪のお手入れはなにかしていますか？

新田 きちんとシャンプー・リンスして、たまにトリートメントでケアしていますけど。えっ？ さらさらで、きれい……ですか？ あ、ありがとうございます。

Q３：アナスタシアさん、好きな食べ物はありますか？

アーニャ 肉じゃが、好きです。みんな、好きですね？

Q４：お互いの印象は？

新田 優しくて、思いやりのあるかわいい妹、みたいな存在です。

アーニャ ンー……美波、私のことば、ちゃんと聞いて、答えてくれます。すてきなお姉さん、ですね。

ズバリ質問！理想の男性は!?

アーニャ 理想……？ ンー……パパみたいな人です。

新田 へ～、アーニャちゃんのお父さん、とてもすてきなんだろうな。

アーニャ ダー……とてもすてき、です。美波の、理想の男性はどうですか？

新田 私？ 私は……うん、私もお父さんみたいな男性がいいかな。

アーニャ 美波のパパはどんな人ですか？

新田 う～ん、門限が厳しいのは大変だなあ。私ももう大学生なんだから、もう少しゆとりをもたせてほしいなあ。

アーニャ ……美波、話が違うのでは？

新田 ああっ、そうだった!? え、えっと、話を戻さないとね。え～っと、理想の男性は……笑顔がすてきな人かな！

アーニャ 笑顔……ですか？

新田 うん！ 笑顔が優しい人は、何ていうか、いっしょにいてもほっとするっていうか……ああっ、何だか言ってて恥ずかしくなってきちゃった!? もう……恥ずかしいので、この話は終了です！

わたしたちの、夢

新田 まだ、自分に何ができるのか、なにを伝えられるのかわからないですけど……歌やステージ、お芝居にバラエティなど、いろいろな経験をしたいと思っています。趣味は資格取得なので、それを生かせるお仕事もしてみたいです。可能性は無限大ってことで。もしかしたら全然別のことをしているかもですけど。ふふっ。

アーニャ コスモ……宇宙、行ってみたいです。宇宙から星、見てみたいです。驚きですか？ そこで歌えたら……コスモライブ、すてきですね。

shot by RYOJI FUKUOKA　hair & make by addmix B.G (YUMIE OBA & SAYURI YAMAMOTO)　text by YOSHIKATSU NAKAGAMI

アナスタシアと美波のクールコンビを演じる
上坂と洲崎にインタビュー！ 併せて
前回のお題達成のため、茶道にまじめに挑戦。
初めてとは思えない凛とした姿勢は
まさに〝クール〟でした！

お茶菓子とお抹茶も

いただきました

茶道というテーマは意外としっくりきていた!?

上坂すみれ × 洲崎 綾

うえさか・すみれ／12月19日生まれ。神奈川県出身。スペースクラフト・エンタテインメント所属。主な出演作は「この美術部には問題がある！」コレット役、「パワーパフガールズ」バブルス役ほか

すざき・あや／12月25日生まれ。石川県出身。アイムエンタープライズ所属。主な出演作は「腐男子高校生活」西原ルミ役、「D.Gray-man HALLOW」エミリア役ほか

——茶室での撮影はいかがでしたか？

上坂　私はこれまでまったく茶道に触れたことがなかったので、こんなにお作法があって、いろんな楽しみ方があるということをきょう初めて知りました。

洲崎　お作法とかも一から教えてくださって、勉強にもなって、楽しい時間でした。私は高校の体験入部で茶道部には一度行ったきりで、きょうが2回目です。そのときもお菓子が食べたいだけで体験入部に行って、きょう食べた和菓子も本当においしくて（笑）。

——前回登場の３人（青木瑠璃子、黒沢ともよ、高森奈津美）は「育ちのよさそうな美波がアナスタシアに茶道を教えてあげる感じ」と印象をお話しされていました。

洲崎　美波は普通に茶道の経験がありそうで、アナスタシアも日本の文化をいっしょに学んでいそうなイメージがあるから、私もわりとしっくりきています。

上坂　そうですね。でもアーニャと美波は同じクール属性でも違うタイプのクールだなって思いますね。

洲崎　隣のページに載っているイラストでも、アーニャは〝THEクール〟という感じのかっこいい表情をしているよね。

上坂　一見クールでも実は日本人っぽい性格で、ちょっと引っ込み思案というか、言いたいことがうまく表現できなかったりする面があるんです。

洲崎　美波はゲームのボイスを録るときから「常にほほ笑んでいる感じで」とディレクションされていたのですが、絵でも優しい雰囲気が出ているのがいいですね。そういえば「女子アナをイメージして演じてください」と言われたこともありました。

上坂　確かに！ 夕方のニュースで魚市場のレポートとかしてほしいです（笑）。

——ちなみにクール、キュート、パッションの属性に自分自身を振り分けるとしたら、どの属性になると思いますか？

洲崎　私はパッションかなって思います。あまり後先を考えないタイプだし、ポジティブなほうだと思っているので。

上坂　じゃあ、ネガティブな私はクールということで。

洲崎　ネガティブなの!? そんなイメージないけどなあ。すみぺはクールかキュートって感じがする！

上坂　いや、 キュートは恥ずかしい……。

洲崎　確かに自分で「キュートです！」って、なかなか言えないよね（笑）。

今月の「お願い！ シンデレラ」

次回最終回！ 大橋彩香・原紗友里・福原綾香が登場！

次回でこの「デレマガ」も最終回！ そして12月発売の1月号掲載ということで、2人からはこんなアイデアが飛び出しました。

上坂　最終回だし、12月といえばクリスマスプレゼントだから、プロデューサーさんにプレゼントをするという企画はいかがでしょうか？ 〝シンデレラ〟にちなんでガラス細工を作るとか。

洲崎　もしくは1月号なので3人で巫女さん体験とかどうですか？

上坂　じゃあ、巫女さんの服を着て作ったガラス細工を３名様にプレゼント！ 企画のタイトルは「ガラスの巫女」でいいですかね（笑）。

——ガラス細工と巫女衣装、はたしてどちらが実現するのか？ それとも合わせ技の「ガラスの巫女」になるのか？ 波乱必至の「デレマガ」FINALにご期待ください!!

➡前回のお題「茶道に挑戦！」

島村卯月ちゃん、本田未央ちゃん、渋谷凛ちゃんにロングインタビュー！

――撮影お疲れさまでした。

島村　お疲れさまです！　なんだかあっと言う間でしたね～。

本田　うん！　あれっ、もう終わり？って感じ。もっと撮らなくて平気？

渋谷　私は、それなりにやりきったかな。

本田　もう、しぶりんってば、本当はまだまだいける癖に～！

渋谷　まあ、ね、もうちょっとくらいなら。

――息の合った撮影でしたが、3人はふだんからこんな感じですか？

島村　そうですね。未央ちゃんがみんなをリードして、凛ちゃんがビシッとしめてくれる感じでしょうか。

本田　ふっふっふ、一番槍はまかせて。

渋谷　そういう卯月は？　どんな役なの？

島村　う～ん、なんでしょう？　相づちを打ったり。

本田　しまむーは、ズバリ、いやし系！

島村　え、ええ!?　そうですか？

渋谷　たしかにね。空気を柔らかくしてくれるというか。

本田　笑顔がまぶしい超いやしキャラだよね！

島村　えっと、私、このなかだと一学年お姉さんなんですけど。

本田　全然そんな気しないよね。

渋谷　うん。しないね。

島村　ええ～！　凛ちゃんまで～！

――そんなお三方ですが、アイドルになったきっかけは？

島村　私はずっとアイドルになるのが夢だったんです！

本田　そんなしまむーにあこがれる！私はアイドルになったら、いろんな人と友達になれるし、楽しそうって思ったから。歌もダンスもわりと得意だし。友達にもよくアイドルに向いてるって言われたし。

渋谷　私は、卯月や未央みたいに、これという理由があるわけじゃないけど。夢中になれるものが見つかればと思って。そういう期待、かな。

――理由もそれぞれですね。では、皆さんにとってアイドルとはなんですか？

島村　あこがれです！　絵本の中のお姫様みたいにキラキラ輝いてて……。女の子ならみんな一度はあこがれる存在だと思います。私もそういうアイドルになれるよう、頑張ります！

本田　ん～、みんながあこがれる人気者で、手が届きそうで届かない、夜空に輝く星、みたいな。まさにスター！って感じだよね☆

渋谷　まだよくわからない、っていうのが正直なところかな。卯月の言うのもわかるし、未央の言うのもわかるけど……。ただ、まぶしいイメージっていうのは同じかな。私がそうなれるかは、わからないけど。

本田　しぶりんならいける！　めざせ、クールな一番星！

渋谷　なにそれ……？

島村　みんなでめざして、頑張りましょう！

――インタビューありがとうございました！

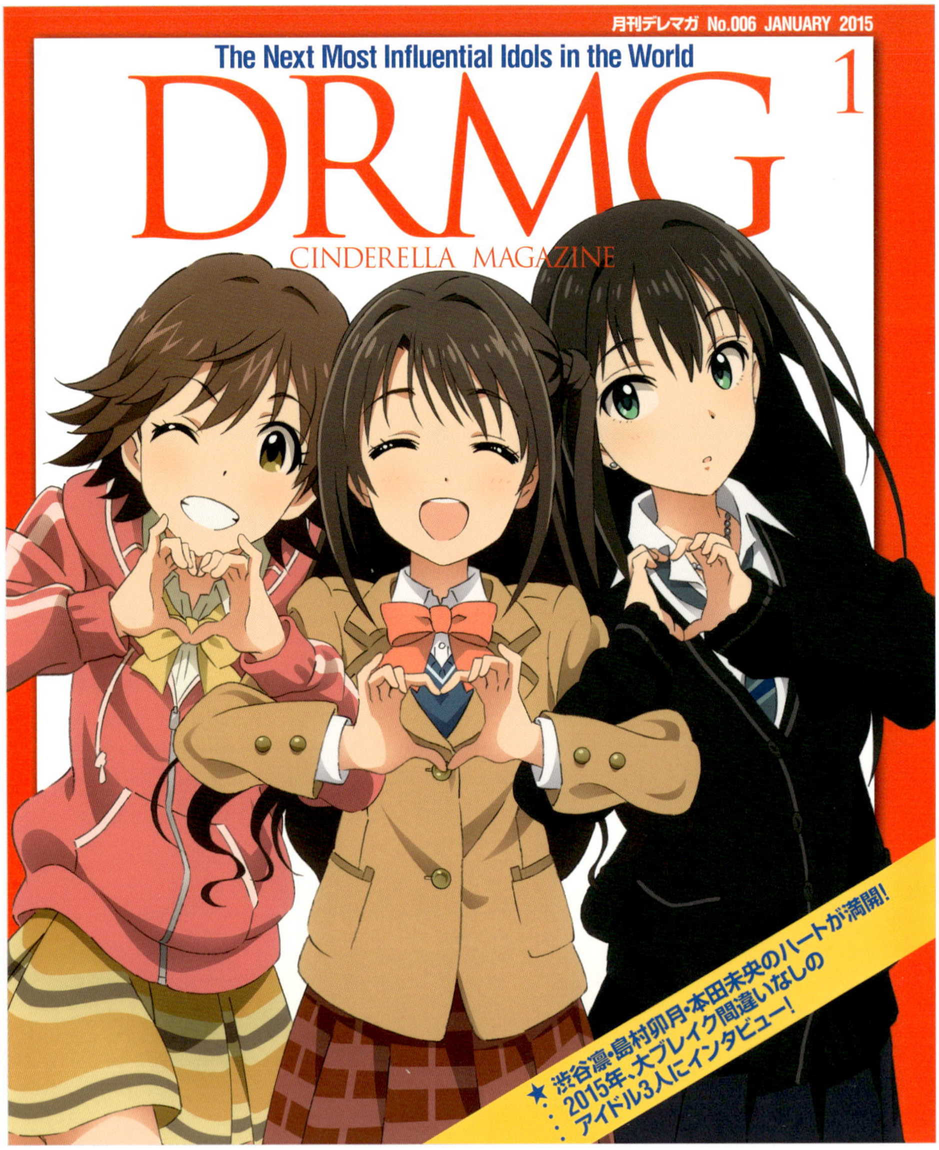

本田未央 × 島村卯月 × 渋谷凛

ほんだ・みお／12月1日生まれ。15歳。B型。スリーサイズはB84、W58、H87。趣味はショッピング

しまむら・うづき／4月24日生まれ。17歳。O型。スリーサイズはB83、W58、H87。趣味は友達と長電話

しぶや・りん／8月10日生まれ。15歳。B型。スリーサイズはB80、W56、H81。趣味は犬の散歩

教えてシンデレラ！一問一答

Q1：趣味は？

島村　友達と長電話です。

本田　友達みんなでショッピング！

渋谷　ハナコ……犬の散歩かな。

Q2：本田さん、なにか癖はありますか？

本田　すぐにあだ名をつけること。しまむー、しぶりん、みたいな。

Q3：島村さん、好きな食べ物はありますか？

島村　えっと、生ハムメロンです。おいしいです！

Q4：渋谷さん、今ハマっていることは？

渋谷　撮影で持たされたベースをちょっと練習してみたり……かな。

Q5：お互いの第一印象は？

本田　しまむーは満点笑顔！　しぶりんはクールビューティー！

渋谷　卯月は明るい。素直。未央は元気……あと、バーカー？

島村　凛ちゃんはかっこいい感じ！　未央ちゃんはとってもにぎやかです！

将来の夢

――活躍の幅を広げている皆さんの、アイドルという階段を上っていったその先、将来の夢や希望をお聞かせください。

島村　はい、えっと……。私はアイドルとしてはまだまだですけど、もっともっと頑張って、どんなときでも皆さんに笑顔を届けられるすてきなアイドルになれたらいいなって思います！

本田　ん～、そうだなあ。ライブで歌いたいし、テレビに出たいし、ラジオもやりたい。バラエティもやりたいし、ドラマも……。あ～、ひとつなんてむり！　いろんなことを全部やってみた～い！

渋谷　まだ全然想像できない。やっと最初の一歩を踏み出したくらいだから。今はただ、真っ直ぐ進んで行こうと思います。

ファンの皆さんにメッセージ！

島村　い、いっぱいありすぎて、うまくまとめられませ～ん。

渋谷　卯月らしいというか。

本田　だったら全部言っちゃえ！

島村　ぜ、全部!?　え、え～と、皆さん、いつも応援ありがとうございます。まだまだこれからで、うまくできないことばかりですけど、歌もダンスも一生懸命レッスンして、皆さんにすてきな笑顔を届けられるように――。

渋谷　応援ありがとうございます。よろしくお願いします。

本田　短っ！　では、私から。えー、コホン。今後もっと活躍して、いろんなところで、いろんな人と出会えるよう頑張ります。何卒、ご声援よろしくお願いします。かな？

島村　えーと、えーと……あれ？　もう終わりですか!?　島村卯月、頑張ります！

shot by RYOJI FUKUOKA　hair & make by e-mu (KYOKO MACHIDA, AKIKO YAMAKI & SANAE HATANO)　text by MASAAKI HOSHI

「デレマガ」最終回には満を持して
ゲーム内で〝new generations〟として
ユニットを組む大橋・原・福原の3人が登場！
「シンデレラ」になじみ深いガラス細工に
チャレンジしてもらいました！

シンデレラといえばやっぱり〝ガラス〟！

――ガラスチャーム作りは、いかがでしたか。

原　色を選ぶのに、迷いがありませんでした。私は黄色とオレンジで、パッションをイメージしました！

福原　私は凛を思い浮かべながら、クールな寒色系をチョイスしました。

大橋　私もキュートな色にしようとピンクを探したんだけど、意外となくて……。だから、キュート、パッション、クールの色を混ぜて作りました。

――〝new generations〟のユニットとしての魅力はどんなところでしょう。

大橋　卯月、未央、凛の３人は、それぞれ自分が何をすればいいのか、しっかりとわかっていると思います。

福原　チームワークがよくて、すごく演じやすいです。

原　役割分担がしっかりとしているよね。野球で言うなら、未央が投げて、卯月が乱暴に打ち返したのを、凛が冷静にキャッチする、みたいな（笑）。

――卯月は17歳で、未央と凛は15歳。同じ年のころ、皆さんはどんな女の子でしたか。

大橋　第36回ホリプロタレントスカウトキャラバンのファイナリストに残ったことがきっかけで、お仕事を始めたころです。卯月と似ていますね。

福原　私は、中学時代に地味だったので、高校デビューしてやると思って、高校生活を楽しんでいました（笑）。美術部、放送部、合唱部の３つを掛け持ちしていましたね。

大橋　充実している！

福原　ただ、遠くの学校に行っていたので、いつも寝不足でした（笑）。

原　２人とも、いいネタもっているね（笑）。私は、演劇部で頑張っていましたけれど、基本的にインドア女子ですね。運動も苦手ですし。

福原　え、意外!?

原　ドッジボールでは、逃げ回って、最後まで残っているけれど、あっさりと負けるパターンです（笑）。

――アニメが間もなく始まります！

原　作画がすばらしいです。何気ない動作も細かく描かれていて、しゃべらなくても性格がわかります。

福原　凛も、よく考えてから発言や行動をする性格だけど、動きからもそれが伝わるようでした。

大橋　念願だった「シンデレラガールズ」のアニメ。演じながら、私自身も元気をもらえる作品です。みんなのシンデレラストーリーを、プロデューサーの皆さんも見守ってください！

大トリはやはりこの３人！ アニメ直前にＰへのメッセージ

福原綾香 × 大橋彩香 × 原紗友里

ふくはら・あやか／12月31日生まれ。鹿児島県出身。ヴィムス所属。主な出演作は「クオリディア・コード」凛堂ほたる役、「劇場版 蒼き鋼のアルペジオ ーアルス・ノヴァー」ミョウコウ役ほか

おおはし・あやか／9月13日生まれ。東京都出身。ホリプロ所属。主な出演作は「エンドライド」ファラリオン役、「アイカツスターズ！」香澄夜空役ほか

はら・さゆり／11月5日生まれ。東京都出身。81プロデュース所属。主な出演作は「いなり、こんこん、恋いろは。」コン役、「12歳。～ちっちゃなムネのトキメキ～」浜名心愛ほか

最終回！「お願い！ シンデレラ」

最後のお願いはプロデューサーさんたちに向けて……？

残念ながら、この「デレマガ」は今回が最終回。そこで、〝new gnerations〟の3人には、本誌読者のプロデューサーさんたちにお願いしたいことを聞きました！

大橋　もちろん、1月開始のアニメを見ていただきたいのは当然として――。
原　12月には、CD「CINDERELLA MASTER jewelries!」が、3週連続で発売されますので、ぜひ買ってくださいね。
福原　何と、「Cute jewelries!」の発売日である12月31日は、私の誕生日です！　CDを聴きながら、お祝いしていただけるとうれしいです♪
原　おめでとう！　そして、プロデューサーさんには、アニメに備えてもらうと。
大橋　完璧の流れができました（笑）。慌ただしい年末年始ですが、「シンデレラガールズ」で忙しくなってください！

➡前回のお題「ガラス細工と巫女衣装」

※残念ながら巫女衣装は未達成……

※'14年11月当時の情報です

2016 → 2014

連載を振り返って

Newtype 2014

Aug.

内田　蘭子ちゃんっぽいかなと思って買った私服を着てます。私は服の趣味がよく変わるので、このころはこういう服がブームだったんです。これがこのまま載るんですか？　胃が痛いです（笑）。

大坪　私おみくじでよく大吉をひくんです（笑）。誕生日が近かったのでお祝いしてもらったり、きゃっきゃしてましたね。

Newtype 2014

Sept.

大空　キャラクターと同じように写真を撮ろうとしておずおずピースをしたんです。プリクラふうに書き込みをするのがすごく楽しかったです。

山本　撮影がすごく暑い日で、日傘をさして歩きながらいろいろと話したのを覚えています。この日に初めて知るメンバーの一面もありました。

Newtype 2014

Oct.

五十嵐　部屋がすごいピンクでファンシーでした。麗ちゃんに膝枕されてるときの自分がいちばんふだんどおりでリラックスしましたね。

松嵜　どピンクなスタジオに飴を持っていきました。五十嵐ちゃんと膝枕でだらーんとリラックスした、いつもの私たちでした。あっという間の撮影でした。

Newtype 2014

Nov.

黒沢　松嵜さんたちのリクエストで、趣きのあるライブハウスでハーモニカを吹きました。

高森　この時限りの組み合わせですよね。ドラムのたたき方を教わりました。

青木　私もコードの押さえ方を習いました。意外とバランスのいい3人だと思います。

Newtype 2014

Dec.

洲崎　このころはまだ私の髪の毛があんまり長くない。これからずっと美波に合わせて髪の毛伸ばしてるんですよ。

上坂　なんで茶道だったんでしょうね？　結構まじめに頑張りました。アニメ前でまだちょっとよそよそしい私たちです（笑）。

Newtype 2015

Jan.

原　この時期はみんな衣裳がチェックでかぶりがちだった気がする。

福原　そんなに昔じゃない気がするのは去年が濃すぎたから？　自分が撮られなれてない感じがします。

大橋　再録されるんですか？　卯月たちはこの2年間で成長したけど、私たちは成長できたかなあ？

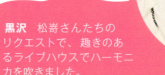

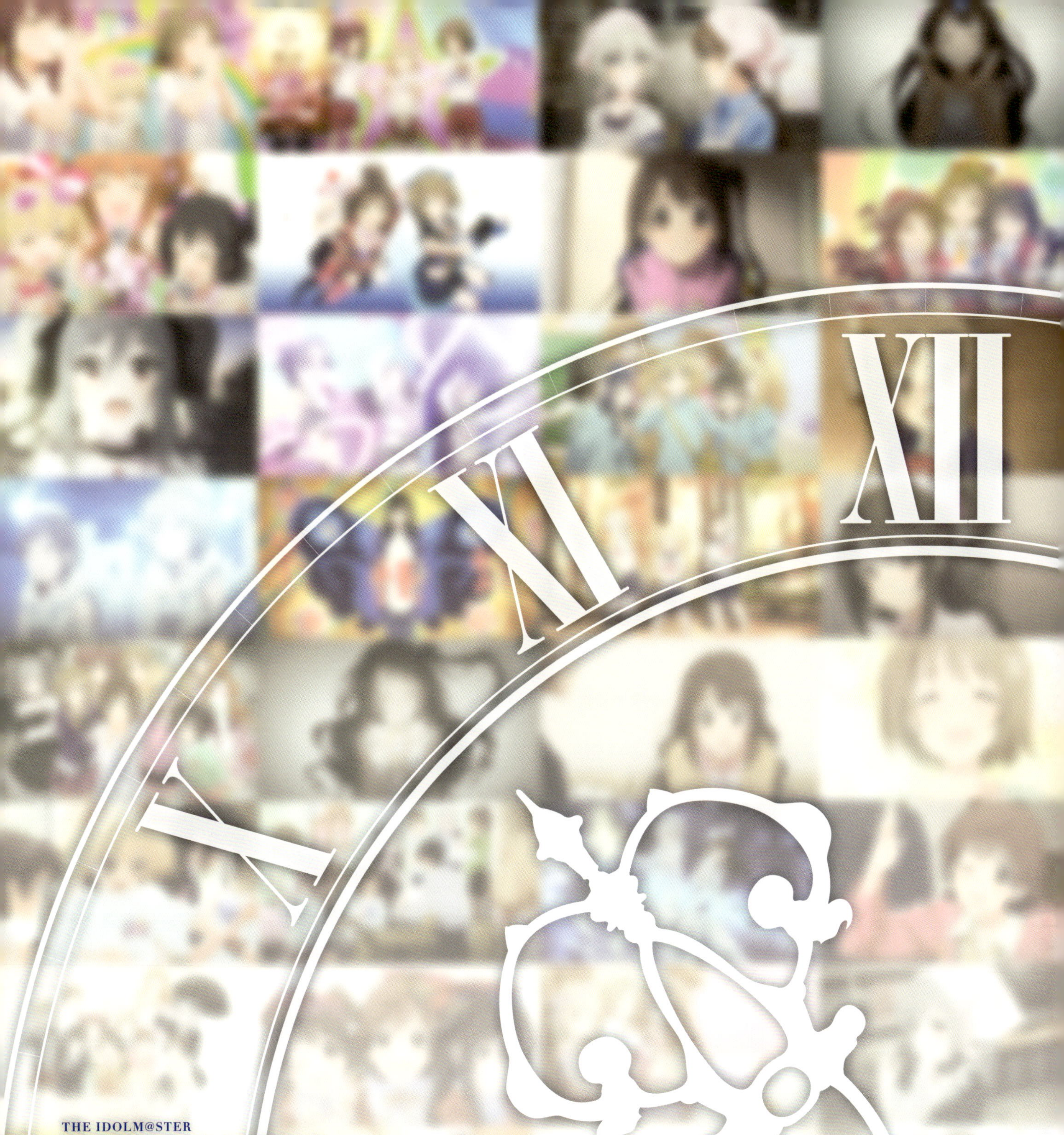

THE IDOLM@STER
CINDERELLA GIRLS
VISUAL
FAN BOOK

Features

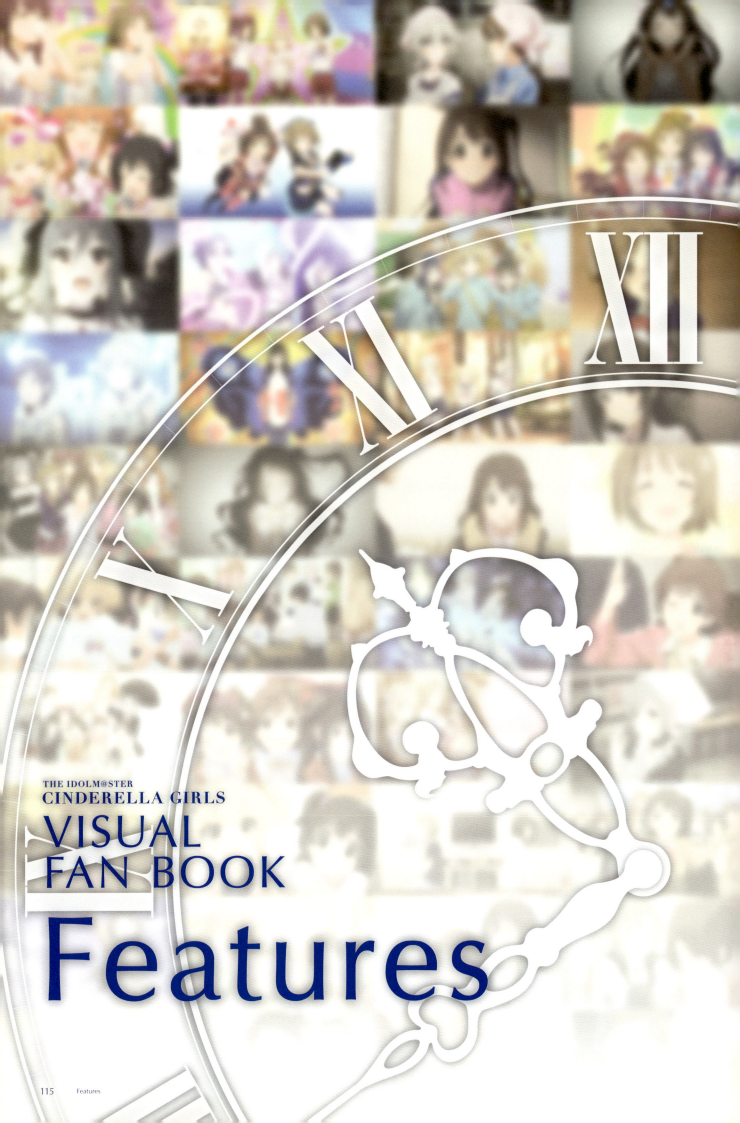

Movie Information

346プロダクションが手がける「アイドル×幕末」群像劇!

「シン選組ガールズ」

「シンデレラの舞踏会」の成功も記憶に新しい、346プロダクションの勢いをまざまざと感じたのが、大型時代劇企画「シン選組ガールズ」だ。幕末史において最も凄惨で華やかな池田屋事件を大胆にアレンジ。新選組キャストには本田未央、渋谷凛、島村卯月ら今後さらに伸びることが期待されるシンデレラプロジェクト所属アイドルを中心にキャスティングした。攘夷派志士側を346の看板とも言えるProject:Kroneが演じることで厚みを感じさせる陣容となっている。本作は制作から配給までを美城グループ内で完結しており、総合エンターテインメント企業である美城ならではの企画と言えるだろう。

舞台は幕末・京都。攘夷派志士による市中放火と要人拉致の企てを知った京都守護職・松平容保（神崎蘭子）は、近藤勇（本田未央）率いる人斬り集団・新選組に、旅籠・美城屋（池田屋より翻案）に集う宮部鼎蔵（速水奏）ら攘夷派の捕縛を命令。幕末史の転換点となる「美城屋事件」の幕開けである——物語の仕立ては時代劇のスタンダードそのものだが、幕末のスター集団・新選組に別種の輝きを持ったアイドルたちを起用することで、物語はオリジナルな色合いを見せる。鬼の副長として名高い土方歳三を演じる渋谷凛だが、尋問で志士・古高俊太郎（神谷奈緒）を射抜くような温度の低いまなざしや、芸妓（新田美波）たちの戯れを気だるげに眺めるしぐさにはぞくっとするような不思議な色香と存在感がある。

クライマックス、美城屋に討ち入る隊士たちの先頭に立つのは、本田演じる近藤勇。舞台「秘密の花園」での好演以来役者としても評価の高い本田だが、力感のある「御用改めである！」の叫びは激闘の幕開けにふさわしく、重厚な中にも華やかさがある近藤像を打ち立ててみせた。闘いの舞台の美城屋だが、志士たちが集まった一室を広角レンズでとらえたシーンからもわかるとおり決して広くはない。天井の低い屋内での殺陣は演出の技の見せどころだが、本作では小兵とされる藤堂平助を、139㎝とさらに小柄な双葉杏が演じることで過去作品では成し得なかったアクロバティックな攻防を実現している。一方、ポニーテールが鴨居に届かんばかりの長身の永倉新八（諸星きらり）が維新派志士（塩見周子）をなぎ倒しながらふすまを破ってくる場面からは、急襲を受けた志士たちの恐怖と狼狽が遺憾なく感じられた。

モデルとなった池田屋事件で欠かせないのが、映画「蒲田行進曲」でポピュラーになった階段落ちだ。近藤の斬撃を受けた志士が急階段を転げ落ちるシーンを、本作では宮本フレデリカが好演。体を張った迫真のアクションの中にもどこかおかしみを感じさせる彼女ならではの演技は、アイドルによるノンスタントアクションの限界を超えた表現だった。

だがそれら名シーンの数々を踏まえても、最も流麗で圧巻なアクションが天才剣士・沖田（島村卯月）が志士たちを横薙ぎに斬り捨てる殺陣だったことに異論はないだろう。3人の志士の攻撃をかわしながら一呼吸で斬り抜けるシーンをノーカットでこなしたのはまさに神業。普段の彼女からは想像もつかないほどで、撮影に臨むまでの膨大な努力の積み重ねが窺えた。山場の戦闘において、沖田を襲ったのは自身をむしばむ病魔という思わぬ大敵。本シーンは言うまでもなく有名刑事ドラマに対する遊び心あふれるオマージュだが、どこかコミカルな島村の芝居に心の中でツッコんだ瞬間にやっと我に返るほど、彼女たちのアイドル離れした迫真のアクションに引きこまれていたことに気づかされた。

動乱の京を斬って斬って駆け抜けた果てに、盟友たちを喪なった土方が北の地で見たものとは。衝撃のラストシーンは必見の娯楽大作だ。

「シン選組ガールズ」

新宿ブルー9ほか、全国346館で順次公開予定。初週入場者特典はサイン入りメッセージカード

若くして新選組一番隊隊長を預かることとなった天才剣士が初めてその刃にかけたのは、皮肉にも新選組の同志であった。血刀を手に、それでもなおほほ笑む沖田の胸中や如何に

別方面からも攘夷派の内偵は進んでいた。茶屋での情報共有の結果、攘夷派の秘密会合には美城屋以外にもうひとつ候補の旅籠があることが判明。そちらには別働隊を率いた土方が向かうことになった

モテ男である土方には芸妓からの恋文も多かった。作中では芸妓がロシア語を解する描写があるが、当時の芸妓には教養も求められたのである

激しくも美しい戦いを音楽の面で彩るのは、主題歌「Absolute NIne」。土方たちが攘夷派の主要メンバーを斬ったことにより、新世代による維新は加速していく

古道具屋に身をやつした志士·古高（神谷奈緒）は、近藤（本田未央）や土方（渋谷凜）のうれし恥ずかし厳しい攻めに屈して攘夷派の企みを自白。京都の攘夷派志士が旅籠・美城屋で会合を行なうことが明らかになる

一心にけいこに打ち込む沖田（島村卯月）と、その姿を見つめる土方の間に流れる穏やかな時間。だが京に漂う不穏な気配が、土方に問いかけを促す。「ねぇ、沖田は人を斬ったこと、ある？」

京都守護職・松平（神崎蘭子）は近藤ら浪士を会津藩預かりとし、京の治安維持に当たらせた。壬生狼・新選組の誕生である

戦いは新選組の内部でも。土方はカリスマ隊士・山南敬助（城ヶ崎美嘉）らとともに、局中法度に反した芹沢鴨（前川みく）と平山五郎（多田李衣菜）を処断する。芹沢はヘッドホンに足を取られて斬られるロックな最期を遂げた

Cinderella Girls' Collaboration

アイドルたちがリアルのお仕事オファーに応えた"リアル346プロ企画"をはじめとした、さまざまなコラボレーションを総まとめ！ 各コラボ担当者からのコメントも到着！

江戸切子 for 346PRODUCTION

一点ずつ職人によって手作りされた繊細さ際立つ逸品。クリスタルガラス製オールドグラスが3色、ソーダガラス製タンブラーが2色作られた。第18話ラストのかな子と智絵里によるリポートで江戸切子がぐっと身近に感じた人も多いはず。

Cute

Cool

Passion

瑠璃

銅赤

担当者コメント

江戸切子は題材として見つけていただきました。その反響、そして職人とアニプレックス様・草野剛デザイン事務所様との対話を経て、輝くグラスになる事がかないました。プロデューサーさんの作品愛あっての事と感じております。

江戸切子協同組合

カットグラスを語源とする切子。中でも江戸切子は江戸時代後期に製造され、庶民の手によって、現在に至るまで伝統が受け継がれてきた。「江戸切子 for 346PRODUCTION」はシンデレラガールズ第18話から生まれたコラボ。デザインは草野剛デザイン事務所。アニプレックス+にて数量限定・抽選販売が行なわれた 。

TokyoWalker

「東京ウォーカー 27年12月・28年1月合併号」
2015年11月20日(金)発売 定価(税込)600円

担当者コメント

ぜひ東京ウォーカーで活躍してほしい！と思い、第18話でレポーターに挑戦していたかな子と智絵里に、思い出の下町を再レポートしてもらいました。記事はとても話題になり大好評。また出演をお願いしたいです！

東京ウォーカー編集部

第18話、三村かな子と緒方智絵里がテレビ番組のレポートロケに訪れたのが柴又・亀有。東京ウォーカーの新連載 " アニメ Walker" 第1回目に登場したのがかな子と智絵里。思い出の場所を回りながら下町を散策、そのようすを収録した。

2015年7月で10周年を迎えた「アイドルマスター」と合同で七夕企画展を開催。キャスト・スタッフが思いを込めて短冊に直筆メッセージを寄せた。短冊はnamco中野店、namcoラゾーナ川崎店において期間限定で展示。ここでは「アイドルマスター シンデレラガールズ」のキャスト短冊を一挙公開!!

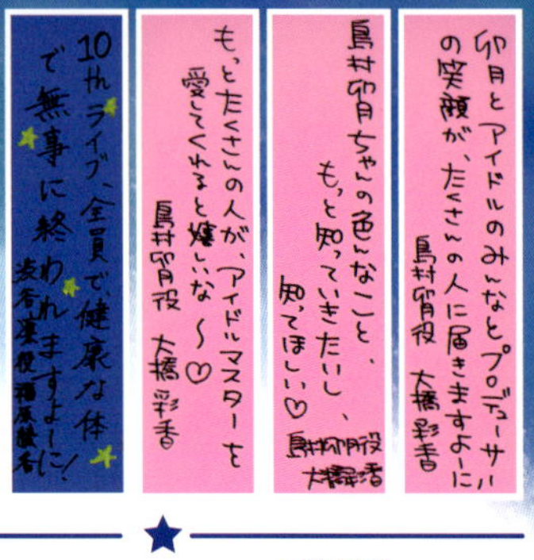

大橋彩香

京都・西陣織元

「京都・西陣織元（株式会社秦流舎）」アクリルストラップ3個セット

担当者コメント

さまざまある西陣織の柄の中から、卯月・凛・未央のイメージにそれぞれ合う柄をチョイスしました。昔からある伝統的なテキスタイルではありますが、彼女たちが着ると一層可愛らしく、柄の美しさが際立つのを実感しました。

西陣織担当

世界有数の織物産地、京都西陣にあって今も変わらぬ伝統製造方法で作られている西陣織文様。それをアクリルストラップの着物の柄として忠実に再現。西陣織文様の着物で雅な姿を見せるのは島村卯月、渋谷凛、本田未央の3人。アニメイトオンラインショップ・AnimeJapan 2015にて限定販売された 。

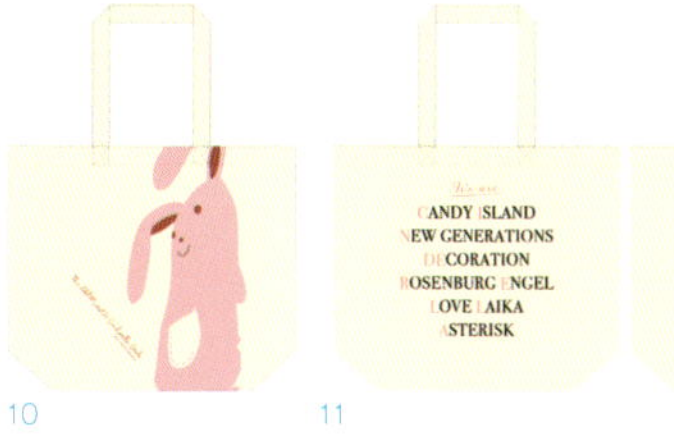

東急ハンズ渋谷店で行なわれた「東急ハンズの舞踏会」は Triad Primus がキャンペーンアイドルに就任。2015 年 11 月 23 日～ 12 月 31 日の期間中にはアイドルたちが店内 POP などでさまざまな商品を PR。館内の一部コラボラッピングや特設ステージ、コラボ限定商品の販売などで大いに盛り上がった。

担当者コメント

プロデューサーの皆さま、その節は渋谷店にお越しいただき誠にありがとうございます。多くの方々にグッズや商品紹介 POP などのシンデレラガールズ×東急ハンズからの「ヒント」をお楽しみいただけましたら幸いです。

東急ハンズ渋谷店 コラボ企画担当 P

⬆「ライブ」「ロゴ」「シンデレラガールズ」「ガラスの靴」をそれぞれモチーフにした 4 種類の和てぬぐい

〈iPhone6/6s ケース〉1.Hello! We Are Cinderella Girls 2.new generations 3. ＊(Asterisk) 4.CANDY ISLAND 5.Triad Primus 6.346PRODUCTION BLACK 7.346PRODUCTION WHITE 〈マグカップ〉8. 杏 9.Hello! We Are Cinderella Girls. 〈トートバッグ〉10. 杏のうさぎ 11.Hello! We Are Cinderella Girls.

東急ハンズの舞踏会 in Shibuya

日本商工会議所とのコラボが実現。簿記とは日々の経営活動を記録・計算・整理して、経営成績と財政状態を明らかにする技能。日商簿記検定は中でも非常に知名度の高い資格だ。平成 28 年度から出題区分が改定された日商簿記の区分改定ナビゲーターに、資格取得が趣味と語る新田美波が就任。第 143 回簿記検定試験後には受験者へメッセージが寄せられた。

担当者コメント

新田美波さんにご協力いただき、いつも以上にマスコミなどからの問合せも多く、より幅広い方々に認知していただけたと感謝しています。収支管理もプロデューサーの重要な役割です。日商簿記でスキルアップを！

日本商工会議所 検定担当（簿記 P）

➡電卓の数字は「24403733346」。「2440」「373」「346」このように分けると意味が浮かび上がってくる!?

日商簿記区分改定ナビゲーター　新田美波

イメージガール：アナスタシア

星の光を集めよう 特別企画
JAAA 日本天文愛好者連絡会 主催
リアル346プロ コラボ企画
アナスタシア誕生日記念
2015.9.19 sat
THE IDOLM@STER シンデレラガールズ
シンデレラの観測会（仮）
—雲が無ければ 星はきっとそこに見えます！—
全国のプロデューサーの皆様、アナスタシアの誕生日に一斉に星を見てみませんか？
現在、企画中です。

担当者コメント

同僚の皆さまのご協力により、全国一斉観望会「シンデレラの観測会（仮）」も無事成功し、「#アイマス天文部」という楽しいつながりもできました。これからもアーニャとともに星の光を集めよう！

日本天文愛好者連絡会
コラボ企画担当　みなともP

JAAA とは星や天文・宇宙が好きな人たちのネットワーク組織。その JAAA が企画したイベント「シンデレラの観測会（仮）」のイメージガールにアナスタシアが就任した。イベントはアナスタシアの誕生日 9 月 19 日に各々が好きな場所で星を眺め SNS で感想を言い合おう、というもの。フライヤーはその周知のために作成された。

日本天文愛好者連絡会(JAAA)
「星の光を集めよう」シンデレラの観測会（仮）

輝く星に"I"を込めM@S!

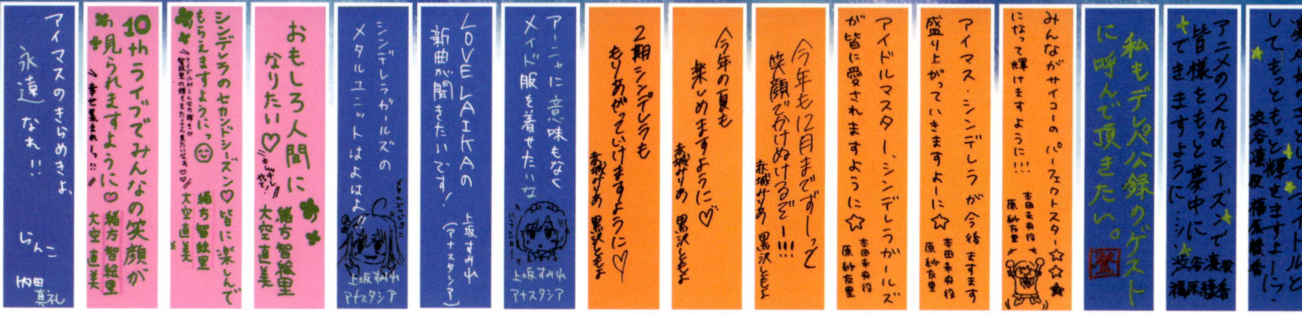

★ 大空直美 ★ 上坂すみれ ★ 黒沢ともよ ★ 原紗友里 ★ 道玄坂登 ★ 福原綾香

スターライ☆鳥栖☆ステージ

佐賀県鳥栖市・ベストアメニティスタジアムにて2015年9月、10月にコラボマッチ3連戦が行なわれた。会場では記念グッズの販売、記念パネルの掲示のほか、試合のハーフタイムには楽曲「青空エール」を流してのハーフタイムショーなどが開催された。

担当者コメント

当日は多くのプロデューサー様にスタジアムに足をお運びいただき応援いただきました！プロデューサーもサポーターもアイドル、チームを応援するという共通点があり、会場ではそれぞれ教え合う姿も見られました。

サガン鳥栖広報担当

「スターライ☆鳥栖☆ステージ」開幕戦（2015.9.12）には開幕イベントとして大空直美、黒沢ともよ、佳村はるかの3名が出演。スペシャル場内アナウンスやトークショーなどを行なった 。

1. サガン鳥栖コラボ ユニフォームTシャツ 島村卯月、渋谷凛、本田未央、赤城みりあ、緒方智絵里、城ヶ崎美嘉（全6種） 2. サガン鳥栖コラボ ストラップ 3. サガン鳥栖コラボ タオルマフラー 4. サガン鳥栖コラボ 缶バッジAセット 5. サガン鳥栖 vs 清水エスパルス SPECIAL TICKET 6. サガン鳥栖コラボ A4クリアファイル4枚組セット 7.「スターライ☆鳥栖☆ステージ」記念CD『青空エール』

BEAMS for 346 PRODUCTION

担当者コメント

「SUMMER FESTIV@L」ではTシャツコラボのほか、イベントパンフレットのスタイリングも担当させていただきました。今でも着ていただいている同僚Pを見かけると胸が熱くなります。またTシャツ作りたいです。

BEAMS担当者

BEAMS FOR 346 PRODUCTION

ファッションブランド・BEAMSとコラボしたTシャツが「SUMMER FESTIV@L 2015」開催時に発売。各ユニットをイメージしたデザインとBEAMSならではの高いファッション性で大人気アイテムに。「CINDERELLA GIRLS 3rdLIVE」開催時にはVERSION2として、遊び心にあふれるP-Shirtsなど4種類をリリースした。

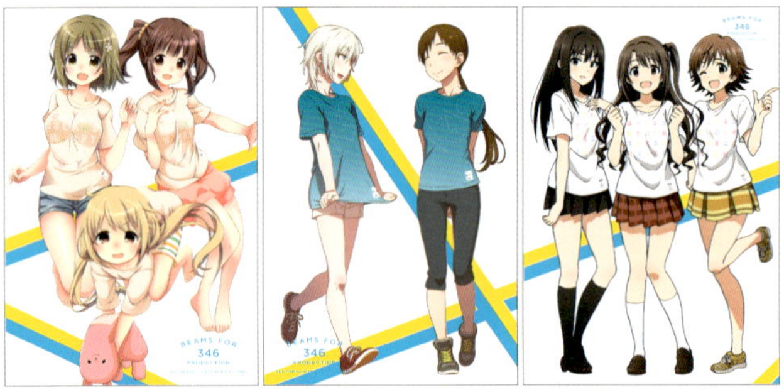

Illustrator = 荒井チェリー　Illustrator = えびねら　Illustrator = まな

Illustrator = 井之　Illustrator = ゆうひ　Illustrator = mizuki

BEAMS for 346 PRODUCTION VERSION 2

Melon con jamon　Triad Primus　P-Shirts　Cinderella Girls

輝く星に"I"を込めM@S!

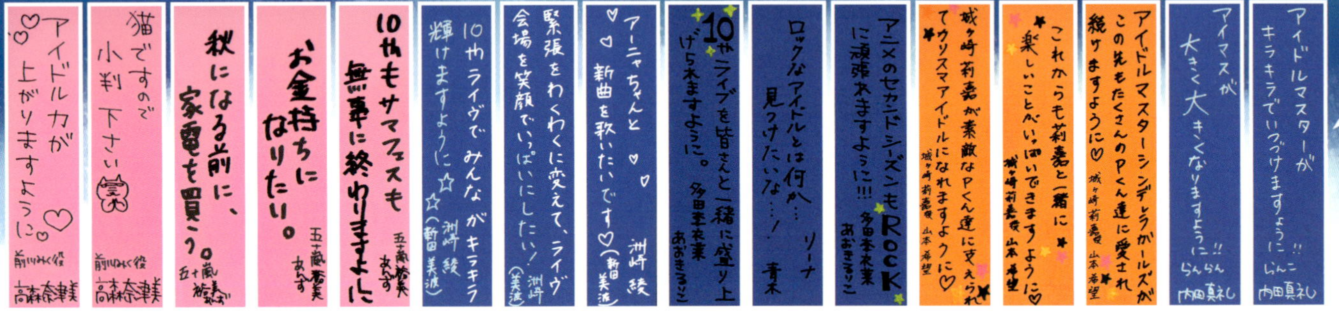

高森奈津美　五十嵐裕美　洲崎綾　青木瑠璃子　山本希望　内田真礼

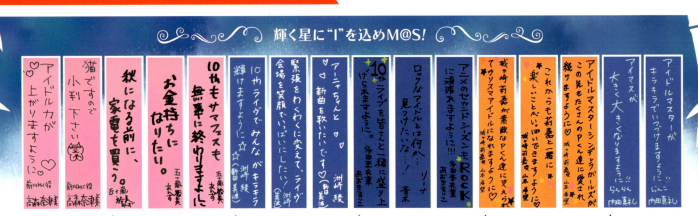

ロッテリア× Newtype ×シンデレラガールズ

A賞 タペストリー

B賞 マグカップ

C賞 BIG缶バッジ

D賞 POPふせん

E賞 クリアファイル

担当者コメント

第一弾、第二弾ともに多くのプロデューサーさまにお楽しみいただけて感無量でした。タペストリーの制服を着た卯月ちゃんと、ラバーストラップのアイドルたちはとってもかわいいですよね！またやりたいです。

Newtype コラボ担当

全国のロッテリアではオリジナルグッズが当たる抽選くじを販売。池袋西武駅前店では 1 フロアまるまるコラボし、さらにオリジナルラバーストラップ 346 セットの限定予約販売なども実施された。また第 2 弾として全国の店舗でミニ色紙全 14 種類のうち 1 種類が付いてくるハンバーガーセットが販売された 。

シンデレラガールズ×ローソン

1
2

3

4

5

6

1.2. オリジナルポスター 3. きらりと杏のダイカットメモ 4. マチカフェ限定安部菜々描き下ろしオリジナルカフェプレート 5. オリジナル描き下ろしTシャツ（Ponta ver.） 6. カバー付きノート

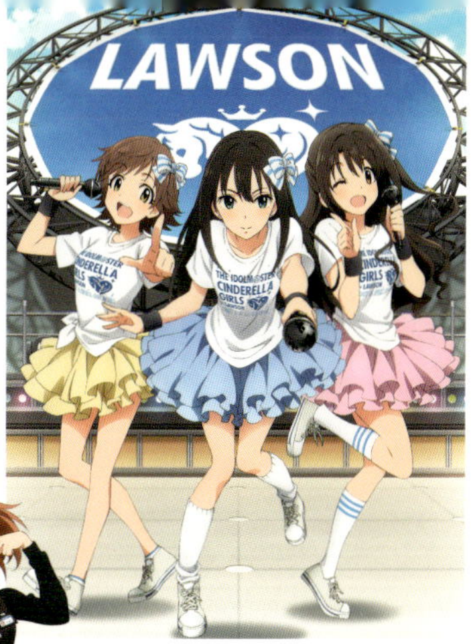

担当者コメント

ローソンでは「フェス」をテーマにキャンペーンを展開しました。この背景セット、どこかで見覚えが……？また、ウサミンには経験（？）を生かして、ローソンのコーヒー「マチカフェ」を提供していただきました！

コラボ担当

全国のローソンで行なわれたキャンペーン。オリジナルグッズやアイテムの販売をはじめ、抽選で限定イベントが当たる企画なども。限定スペシャルイベントは山野ホールにて、大橋彩香、福原綾香、原紗友里、佳村はるか、三宅麻理恵が出演して行なわれた。

岐阜和傘コラボ

「花簪」小早川紗枝 Ver.

「夢の先へ」作品コラボ Ver.

1300 年以上の歴史と伝統をもつ「美濃和紙」を使った岐阜県岐阜市の伝統工芸品「岐阜和傘」。コラボは情緒あふれるデザインの 2 モデル。

担当者コメント

制作に当たりPの皆さまには「シンデレラガールズ」「紗枝はん」とイメージでき、一般の人には小粋な和傘に見える物をめざしました。アイマスだからこそ実現した企画ですし、機会があればほかの子の傘も作ってみたいです。

和傘P

大谷焼 for 346PRODUCTION

2nd SEASON のキービジュアルをイメージに大谷焼職人がひとつひとつ制作した逸品。大谷焼は日本一とも言われる大きな登り窯が有名。江戸時代後期の安永 9 年（1780 年）に焼き物細工師・文右衛門が大谷村（現在の徳島県鳴門市大麻町）で作ったものが起源と伝えられている。平成 15 年 9 月に国の伝統的工芸品に指定。

担当者コメント

2nd SEASON のキービジュアルの「時計」と「夜空」をモチーフとして、大谷焼の職人さんにデザインに落とし込んでいただきました！普段使いしてもらえるとうれしいです。

アニプレックス担当

輝く星に"I"を込めM@S!

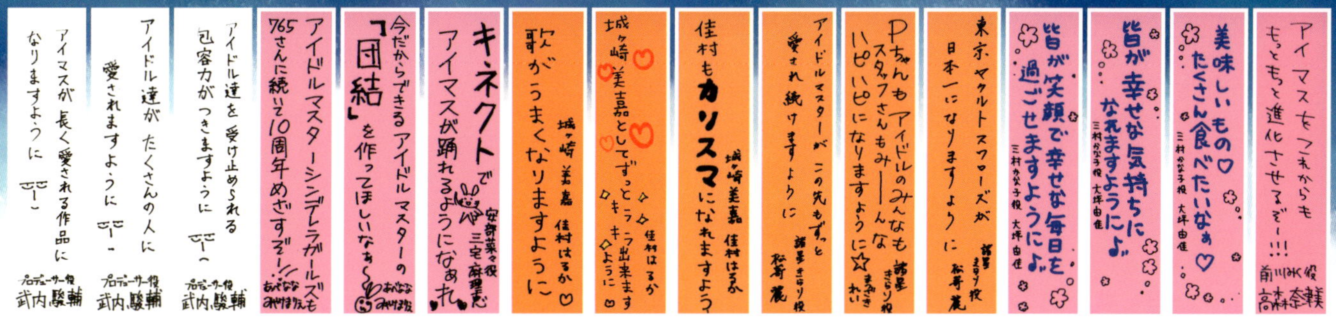

武内駿輔　三宅麻理恵　佳村はるか　松嵜麗　大坪由佳

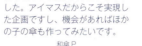

アニメ本編で輝きを放ったアイドルは、シンデレラプロジェクトだけではない。
43人のキャストからのコメント&メッセージを、一挙掲載！

All Idol CV Comments

Q1. 本編を振り返っての感想を教えてください。 *Q2.* プロデューサーへのメッセージをお願いします。

市原仁奈役

久野美咲

1. 仁奈をアニメでも演じることができてうれしかったです。収録現場では、「仁奈は仁奈らしく」というおことばをいただいたので、思いっきり仁奈パワー全開で頑張りました。

2. オーディションのときに石原さんにていねいにディレクションをいただいて、私の中にどんどん仁奈が浮かび上がってきました。仁奈に初めて魂を吹き込んだその瞬間を、今でも鮮明に覚えています。私は仁奈と出会えて、そして今、仁奈を演じられることに幸せを感じています。仁奈はいつも頑張っているけど、とっても寂しがり屋さんです。皆さま、これからも仁奈をかわいがってあげてくださいね。

安部菜々役

三宅麻理恵

1. 安部菜々は、はじめはアルバイトをしていましたが、物語を経て「GOIN'!!!」を歌わせていただき、アイドルとして輝かせていただきました。また、今まで話したことのなかったアイドルたちとの掛け合いが増えたのもとてもうれしかったです。

2. いつもたくさんのプロデューサー様に支えられ、応援されて、それに全力でこたえていくのがこの作品だと思います。その熱意に負けないように、これからも安部菜々に向き合い、手と手を取り合って走っていきたいです。

相葉夕美役

木村珠莉

1. 相葉夕美ちゃんは、最終話でやっと出てきてくれたので、アニメにも参加させてもらえてよかった——！とすごくうれしかったです。トーク番組で輝く夕美ちゃんを見ることができて、幸せでしたっ♪

2. アニメを楽しんでくださってありがとうございましたっ♪きっと夕美ちゃんのプロデューサーの皆さんは、最終話に登場したとき私とおんなじ、いや、それ以上に喜んでくれたと思います！本当に、見守ってくれて、ありがとうっ♪（夕美ちゃんふう♪）

大槻唯役

山下七海

1. 大槻唯ちゃんがキラキラかわいく動く姿をアニメの中で見ることができて、本当に感動しました！クローネの黒とピンクの衣装姿もかわいくてこれからの唯ちゃんの活躍もドキドキ楽しみですっ。

2. いつもニコニコで愛嬌たっぷりの唯ちゃんがと——っても大好きです！！プロデューサーちゃんとすてきな思い出をつくっていけるように、これからも唯ちゃんと頑張っていきますっ！

及川雫役

のぐちゆり

1. ユッコちゃんのサイキックパワーでお胸のボタンが弾け飛ぶ……！雫ちゃんの登場シーンはすごくインパクトがありました（笑）。346プロのアイドルとしてお仕事をしている雫ちゃんを見ることができて幸せでした！

2. プロデューサーの皆さぁーん！！これからも雫ちゃんのプロデュース、よろしくお願いしますー(* ^ ^ *)そしていっしょに牛乳のみましょうっ！もぉー!!!!

上田鈴帆役

春野ななみ

1. 私が演じている鈴帆がいちばん大事にしているところである「みんなを笑顔にしたい」という思いが、最初の看板に始まり舞踏会の太陽で輝くという形で表わされていて私自身すごいグッときました。

2. プロデューサーしゃん！アニメは終わっても上田鈴帆の大活躍は始まったばっかりばい！いーっぱい！いーっぱい笑わせちゃるけん！これからもうちのことよろしゅーお願いするけんね！

神谷奈緒役

松井恵理子

1. 何と言っても「Triad Primus」としての楽曲が誕生したというのが一番印象に残っています、それまでアイドルたちのさまざまな葛藤があったのですが「Trancing Pulse」の曲が流れ出したときの感動は忘れられません。

2. アニメのシンデレラガールズではキャラクターたちの新しい一面を描いていただきましたが、シンデレラガールズの物語はまだまだ続きます！私自身まだまだ神谷奈緒というアイドルの魅力を探求しています！皆さんもぜひ新しい魅力をどんどん見つけていってくださいね！！

上条春菜役

長島光那

1. 作中の雑誌やCM、ポスター等に登場したりと、物語の裏側で上条さんをはじめたくさんのアイドルが活躍しているのを感じられる瞬間というか、作り手の皆さんの「アイドルマスター シンデレラガールズ」への愛が垣間見える瞬間が本当にすてきだなと思って毎回楽しく拝見していました。

2. 私はこの作品に出会ってたくさんの幸せをいただいたので、Pさんにもこの幸せをお届けできるように全力で盛り上げてゆきたいと思っております。これからも「アイドルマスター シンデレラガールズ」をよろしくお願いいたします。

片桐早苗役

和氣あず未

1. 早苗さんは第5話で初登場でした。そのときに初ボイス披露だったので、どんな反応をされるのだろう！とドキドキしていたことをよく覚えています。登場姿は警察官の制服を着ており、「タイホしちゃうぞ！」という決めぜりふまで決め、まさに早苗さんらしい始まり方だったのでとてもうれしかったです！

2. いつもシンデレラガールズを応援してくださっているプロデューサーの皆さま、本当に本当にありがとうございます。私にとってもとても大切な作品ですし、早苗さんがとにかく大好きです！早苗さんと出会えてよかった！これからも早苗さんを見習って明るく元気いっぱいに頑張っていきます！

輿水幸子役
竹達彩奈

1. 幸子が動いてる……！しゃべってる……！！みんなとおしゃべりしてる……！！！と、Pのような気持ちで応援してしまいました。わがままな部分もアイドルとして芯のある部分も全部がかわいらしい幸子です。

2. プロデューサーさん！いつもありがとうございます！素直になれない幸子ですが、本当はプロデューサーさんが大好きなんですよ。ちなみに私も。どうかどうか、これからも幸子をすてきなアイドルにしてあげてくださいね。

木村夏樹役
安野希世乃

1. 出演する前から好きだったアイドルマスター シンデレラガールズの一員になれたことが、今でも夢みたいにうれしいです。私に声を預けてくれた夏樹に恩を返せるように、これからも全身全霊でチャレンジしてゆきたいです。

2. アニメが終了してからも、ゲームでさまざまな表情を見せてくれるアイドルたちに日々新しい魅力を発見させられます。皆さまにも、彼女たちのすてきをたくさん見つけてもらえたらうれしいです！これからも末永くよろしくお願いします

川島瑞樹役
東山奈央

1. 自分らしく羽ばたくために頑張るシンデレラたちの努力を包み隠さず描いた2クールに大変心動かされました。どの葛藤もかけがえないものばかりでしたし、最後にはみんな笑顔を見せてくれたことが本当にうれしかったです。

2. アニメでも熱い応援をいただきありがとうございました！私はもはや曲を聴くだけで泣ける体質になってしまいました……わかるわ。今後ともアイドルたちの、そして川島さんのプロデュースもよろしくお願いします！

鷺沢文香役
M・A・O

1. 鷺沢文香ちゃんとしてアニメにも出演させていただけて、とても幸せでした。放送で実際に文香ちゃんが動いて会話しているのを見たときは、文香ちゃんといっしょに新たな一歩を踏み出せた気がして、本当にうれしかったです。

2. プロデューサーの皆さんが応援してくださることで、たくさんの勇気をいただいていました。これからも文香ちゃんらしく、顔をあげて一歩一歩踏み出していけるよう精いっぱい演じさせていただきますので、引き続きよろしくお願いいたします！

小日向美穂役
津田美波

1. 卯月ちゃんとユニットを組めたのがうれしかったです。そして卯月ちゃんを信じて待っている美穂が健気で強くて、誇らしくなりました。アニメのいろんなシーンで美穂のいいところがわかってもらえたんじゃないかなっ！

2. シンデレラガールズの魅力はたくさんあります。このファンブックで、さらに彼女たちの魅力に気づいてもらえたらうれしいです！小日向美穂、そしてシンデレラガールズをこれからもよろしくお願いします。

小早川紗枝役
立花理香

1.KBYD では先輩としての側面や、幸子はんに対しては少しお姉さんな部分、はんなりしているけど意外とノリのいい部分など、いろいろな面を見せてくれました。貴重なお洋服姿もたくさん！ごちそうさまでした！（笑）

2. 本誌をお手にとってくださったぷろでゅーさーはん、おおきに～！彼女たちの物語は、まだまだ始まったばかりです！もっともっと輝いていけるように、これからもアイドルはんたちのプロデュース、よろしゅう♪

佐々木千枝役
今井麻夏

1. 千枝ちゃんの声を初めて皆さんに聞いていただいたのがアニメだったので、とても思い出深いです。アイドルのみんなのすてきなお話のなかに、千枝ちゃんといっしょに参加できてとても幸せでした。

2. いつもありがとうございます。まだまだ課題はありますが、千枝ちゃんと頑張っていきますので、応援よろしくお願いします。アイドルマスターシンデレラガールズの世界をいっしょに楽しみましょう！

櫻井桃華役
照井春佳

1. 桃華を初めて演じたのはアニメの第17話でした。ゲーム収録よりも先でとても緊張したのを覚えています。アニメ作品として大好きだと思いましたし、桃華という大切な女の子に出会えたアニメにとても感謝しています。

2. いつも応援ありがとうございます。私はこれからも桃華を愛しつづけますし、彼女に恥ずかしくない自分でいられるよう日々頑張ります。なのでプロデューサーちゃまも、これからもシンデレラたちを愛しつづけてくださいね。

佐久間まゆ役
牧野由依

1. シンデレラプロジェクトのみんなが輝くために切磋琢磨している姿には、毎回見ていて心打たれるものがありました。まゆとしては、ゲームでもおなじみの「プロデューサーさんへの愛」をアニメで描いていただけてうれしかったです。

2. 魅力的なアイドルがたくさん登場するアイドルマスターシンデレラガールズ！これからも応援してください！まゆ的に言えば……プロデューサーさん、まゆだけをず―――っと見ていてくださいね♪

城ヶ崎美嘉役
佳村はるか

1. 城ヶ崎美嘉がアニメを通して初めて先輩という位置付けになり、その事で見えてきた部分や関係性がありまして、とてもすてきでした！物語やライブシーンにわくわくしました！

2. プロデューサーさん！アイドルマスターシンデレラガールズをこれからもプロデュースよろしくお願いしますっ！ またアニメーションで動くアイドルが見られますようにっ★

塩見周子役
ルゥ・ティン

1. アニメで初めてしゃべった第22話で、クローネのメンバーと楽しそうにしている姿やステージ上での堂々とした姿を見てとてもうれしかったです。アイドルたちが成長していく姿は感動ばかりで、私も頑張ろうって励みになりました。

2. これからもあたしらしくゆるーくやってくから、まぁ、見ててよ。いろんなしゅーこちゃんを見せてあげるからさ。そんな周子ちゃんといっしょにこれからも頑張るので、応援よろしくお願いします！！

椎名法子役
都丸ちよ

1. 印象深いのはゆかゆかのりこ登場回の第10話です！出番は一瞬でしたが、法子ちゃんを立派なアイドルにという責任感や不安感、感動とうれしさ、たくさんのものがこみ上げてきました。夢に向かって一生懸命なみんなの姿に何度も泣かされましたね！毎週金曜日はうじゅき～～（泣）ってなってました（笑）。

2. いつも応援ありがとうございます！まだまだ未熟者ですが、これからもっと法子ちゃんの魅力を知ってもらえるように、もーっとシンデレラを好きになってもらえるように、精いっぱい頑張っていきます！シンデレラガールズが大好きです！

高森藍子役

金子有希

1. ラジオの収録をしていたり、舞台に出演していたりなど、いろんな仕事に挑戦している姿が描かれていました。特に舞台では少年役をするなどゲーム内では見られなかった一面が見られて私もうれしかったです！

2. アニメに出たことで、彼女がたくさんの可能性を秘めていると気づきました。藍子ちゃんをキラキラしたアイドルにしていきたい！プロデューサーさんも同じ気持ちだと思います。これからもいっしょにプロデュース、お願いします！

高垣楓役

早見沙織

1. スタッフ、キャスト、ファンの皆さま、そして物語の主人公であるアイドルたち、すべての人々がもつ、とてつもないエネルギーと愛情を感じた作品でした。人の心を動かす瞬間を目の当たりにしたような気がします。

2. プロデューサーさん、これからもシンデレラガールズを、楽しんでれら。

白坂小梅役

桜咲千依

1. 特に印象に残っているのは、第9話で蘭子ちゃんと Rosenburg Alptraum としていっしょに歌を歌えたことがすごくうれしかったです。それと卯月の「S(mile)ING!」、涙なしにはもう聴けませんー！

2. 末永くみんなのことを愛していただけたらうれしいです。シンデレラガールズが今後どんな事をするのか、私自身もすごく楽しみです！これからもよろしくお願いします！

十時愛梨役

原田ひとみ

1. 動く愛梨を演じること・見ることができてうれしかったです。しかもすでに活躍していて……司会の才能もあるなんてますますすてきな子だなぁと思いました。とときら学園もマッスルキャッスルも、とてもいいコンビで楽しかったです！

2. アイドルマスターをゲームセンターでプレイしていたのでアイマスへの思いは大きいです。だからこそ、なるべく私情を入れることなく愛梨として精いっぱい演じ、歌わせていただいております。これからも愛梨をよろしくです！

道明寺歌鈴役

新田ひより

1.TV アニメは歌鈴ちゃんの声が初めてプロデューサーさんにお披露目された場でもあったので、ちゃんと歌鈴ちゃんの声として受け入れていただけるか不安で心臓バクバクでした。歌鈴ちゃん、お祓い頑張ったよね (*^^*)

2. プロデューサーさん、いつもプロデューサー活動本当にありがとうございます！！これからもアイドルたちに寄り添い見守ってください！私も歌鈴ちゃんの魅力をもっと伝えられるよう頑張りまつっ！！かしこみ！！

橘ありす役

佐藤亜美菜

1. 全話の中でいちばん忘れられないせりふは第23話で卯月が言った「わたしの中のキラキラするもの、なんだかわからなくて」でした。自分にも過去に卯月と同じ葛藤があって、卯月と自分を重ねて見てしまい涙が止まりませんでした。

2. 私にとってアイドルマスターシンデレラガールズはキラキラでいっぱいの宝箱。まだまだつづいていくこの世界で、これからもプロデューサーさんといっしょに宝物を増やしていきたいです！

浜口あやめ役

田澤茉純

1. あやめちゃんとしていちばん最初にしゃべらせていただいたのが第16話でした。なので私にとってTVアニメはすごく思い出深いです。ストーリーも共感できる部分がたくさんあって、私も頑張ろうって勇気をもらえるアニメでした。そんなすてきな作品にかかわることができてうれしかったです。

2. きっと私はこの本を読むたびにきらきら輝いていたアイドルたち、そしてあやめちゃんのことを思い出しながら読むのだろうなあって思います（笑）。これからもシンデレラガールズ、そしてあやめちゃんの応援をよろしくお願いいたします！ニン！

難波笑美役

伊達朱里紗

1. 笑美は第16話で初めて声がついたキャラでした。バラエティアイドルとしての在り方に悩んだり、でもやっぱり笑ってもらうことが好きだから！という笑美の心情をぎゅっと詰め込んでくれていて、とても好きな話数です。キャスト発表のときに本当にたくさんの方がおめでとうを言ってくださったのも印象深いですね。

2. 笑美を演じるとき、この子は明るくて元気で人に笑ってもらうことが大好きで、なんていい子なんだろう……！といつも私が力をもらっています。私が笑美からもらった元気を、私の声を通してプロデューサーの皆さんに少しでも届けることができたら、本当にうれしく思います。

中野有香役

下地紫野

1. プロデューサーさんのもとに、動いている有香と、有香の声を初めてお届けできたのが第10話。その後最終回でも有香を演じることができたのがとてもうれしく、この2つの話数は私にとって特別な回になりました！

2. アイドルみんなが輝けるのは、やはりプロデューサーさんの支えがあってこそだと思います！私も、有香がより魅力的になるよう頑張りますので、これからもすてきなアイドルたちをいっしょに支えていきましょう！

姫川友紀役

杜野まこ

1. まさか輿水幸子ちゃん、小早川紗枝ちゃんと「かわいい僕と野球どすえ～」として出るとは度肝をぬかれました。三者三様の絶妙なバランスが妙に心地よく、KBYD 大好きです！もっと KBYD としても歩んでいきたい☆

2. プロデューサーの皆さん、いつも応援ありがとうございます！！ゆっきーとともに、まだ見ぬ世界をたくさんお届けしていけるよう頑張ります。皆さんの心にホームラン級の笑顔を届けていけますように☆姫川友紀、お見逃しなく！

日野茜役

赤﨑千夏

1. アニメでも明るく真っすぐ熱血な茜の活躍が見られてうれしかったです！茜の主演映画、「怪獣大決戦 GIRARIDON」が非常に気になります。

2. これからも、茜といっしょにファイヤー！ボンバー！で熱く燃えていきましょう！！！まよわず行けよ、行けばわかるさっ！

速水奏役

飯田友子

1. 奏は後半からプロジェクト・クローネのメンバーとしての参加でした！出番としてはあまり多いほうではありませんでしたが、クローネの主要メンバーとしてかっこよく登場してくれて本当にうれしかったです！個人的にはアニメでしか見せない一面やアニメ内でライブシーンをお届けできたのがうれしかったです♪

2. シンデレラガールズには本当に個性的で魅力的な女の子たちがたくさんいて、そんな女の子たちの物語だったり、初めて見せる一面だったり、ゲームだけでは知れなかった魅力もアニメにはたくさん詰め込まれていると思います！またこれを読んで改めてアニメから新しい魅力を見つけてくれたらうれしいですね♪

星輝子役

松田颯水

1. アニメでは「ヒャッハー状態だけど冷静にしゃべる」という新たな輝子ちゃんの表情に出会えたコトが、松田的すばらポイントでございます！いろんなアイドルさん方の、未知なる魅力満載でございましたねぇ。

2. 数あるアイドルさんの中、こうして輝子ちゃんにまつわる文面にたどり着いてくださったプロデューサーさんに感謝の念を届けたい！これからも！ともにジメジメヒャッハーしながらプロデュースしてくださいませ！！

北条加蓮役

渕上舞

1. 加蓮が動いてしゃべって……歌っている姿を見れたことに感激！トライアドプリムス結成の流れをわかりやすく……そしてていねいに描いていただけたこともうれしかったですね。ゲームとはまた違う彼女の一面を感じられた気がします。

2. 最近は、加蓮を演じる機会がググっと増えて……とてもうれしく思っています。しかし！現状に満足せず（笑）、もっともっと輝く姿を見ていきたいなって。加蓮Ｐのみんな、これからも応援よろしくね♡私も頑張る♡

藤本里奈役

金子真由美

1. ふじりなこと藤本里奈ちゃんは、アニメの第10話でサプライズボイスとして登場いたしました！そのときはちょこっとだけの出演となりましたが、画面の中で生きているふじりなを見れたのは、とてもうれしかったです。

2. いつも、ふじりなを応援してくださるプロデューサーの皆さま！本当にありがとうございます。これからふじりなはさらに輝いて、すてきにぽよっと活躍していくと思いますのでっ！！これからも応援よろしくちゃんっ♪

水本ゆかり役

藤田茜

1. 声はありませんでしたが、最終話の楽器演奏シーンにゆかりちゃんがいて、しっかりアイドルしてるんだなとうれしくなりました。ゲーム以外で舞台に立つゆかりちゃんが見られたのはここが初めてだったので……！

2. アニメでゆかりちゃんがしゃべったときの皆さまの反応、こっそり拝見しておりました（笑）。本当にもう！ありがとうを言わなければならないのは私ですよ！！これからもよろしくお願いしますね、プロデューサーさん。

松永涼役

千菅春香

1.TV シリーズに出演することができて、とてもうれしかったです！涼ちゃんが生きている世界を映像で見ることができたこともうれしかったですし、みんなの頑張る姿に元気をもらいました。

2.“みんな違ってみんないい”といことを、これほどまでに感じられるアイマスの世界は本当にすてきだな、と思います。優しく温かいプロデューサーサンたちと、これからもたくさんの景色が見られますように！

堀裕子役

鈴木絵理

1. ひとりひとりのキャラクターが悩みながら頑張っていたり、成長の物語になっています。その中に参加させていただける事が幸せでした。アニメがあってさらに堀裕子の表現が広がったと思っています。愛にあふれていた作品でした！

2. アニメをいつ見てもそこには生きた輝きがあります！長く続いているのは応援してくださる皆さんがいるから……！これからもいっしょに、さまざまな展開を楽しんでいきたいと思います！アイマスで出会えた皆さまが宝物です。

龍崎薫役

春瀬なつみ

1. 最初にアフレコに臨んだときはうれしさと同じくらいせんせぇ方に好きになってもらえるか不安でした。でもオンエアを見たときは不安より、元気いっぱいに動く薫ちゃんや、それぞれの場所で頑張るアイドルのみんなに、自分もせんせぇになったみたいに、ただただ感動しました。

2. 全国のせんせぇへ　薫ちゃんがアニメに出てから１年がたちますが、歌にラジオにライブにと、たくさん活躍していますね！それもひとえにせんせぇの応援のおかげです。薫ちゃんにかわってお礼を言わせてください。いつもありがとうございます！そしてこれからも薫ちゃんの応援、よろしくおねがいしまー♪

大和亜季役

村中知

1. 大和亜季ちゃんはせりふ自体は多くなかったのですが、各回サプライズのような形で登場しました。彼女らしいですね！こんなに愛されている作品にいとしいキャラで携わらせていただけた事を、大変光栄に思っております。

2. いつも応援してくださり、ありがとうございます。皆さまの応援があるからこそアイドルは輝けます！今後もいっしょにアイドルマスターシンデレラガールズを盛り上げていきましょう！！大和亜季もよろしくお願いいたします！

宮本フレデリカ役

髙野麻美

1. フレデリカの動く姿をアニメで見られる日がくればいいなと思っていたので、プロジェクトクローネのみんなが写真撮影をしているシーンはうれしくて何度も繰り返して見ました！

2. どの話数にも、何度でも見たいシーンがある作品だと思います。私もまた見返して、すてきなところをさらに見つけて楽しんでみます♪皆さまもぜひぜひ～！

346
PRODUCTION

脇山珠美役

嘉山未紗

1. ちょこんと小さな後ろ姿でのアニメ初登場シーン、何だか珠美らしいなぁ～とほっこりしつつ、そこに彼女が居るという事にとても感動しました。アイドルのみんながそれぞれ成長していく姿は、見ていて胸が熱くなりました。

2. 小さな体に物すごいエネルギーを秘め、自分の信じた道を突き進む、どこまでも真っ直ぐな珠美……アイドルとしては未熟な彼女と、役者として未熟な私。いっしょに成長できるように頑張りますので、これからもよろしくお願いします！

渋谷 凛

SHIBUYA RIN

new generationsのメンバーとして、すでにキャリアを積んでいる凛。クールな彼女のキャラを押し出したTriad Primusではまた違う一面を見せる。

神谷奈緒

KAMIYA NAO

凛と加蓮とともに、Project:Krone内の新ユニット・Triad Primusとしてデビューを果たす奈緒。クールななかにも、快活な性格を感じさせる。

Project:Kroneの軌跡

黄昏時に舞い踊る蝶のように、華麗で艶やか、
そして美しく輝く10人の「冠」たち。346プロダクションが
送り出した大型プロジェクト、その歩みを振り返る。

KroneのPVでも、透明感あふれる姿を披露

北条加蓮

HOJO KAREN

凛との新ユニット結成に、３人の中でいちばん積極的だった加蓮。ステージではみごとなハーモニーを披露し、観客の心をわしづかみにした。

アナスタシア

ANASTASIA

LOVE LAIKAとしてデビューした後、Project:Kroneではソロシンガーとしてデビューを果たすアナスタシア。幻想的な雰囲気はこのプロジェクトにぴったりだ。

キャッチフレーズは「新しいアイドルの時代が始まる」。Project:Kroneは３４６プロダクションのアイドル部門を新たに率いることになった、美城常務の手により送り出された、新大型プロジェクトだ。

プロジェクト名の「Krone」とは、ドイツ語で「王冠」の事。ビジュアルイメージは、黒をベースに統一され、蒼や紫といった寒色系のカラーが添えられた。大人っぽく凛とした雰囲気を漂わせながら、どこかはかなげにも感じられる幻想的なビジュアルは、まさに「新時代」の幕開けを告げるもの。３４６プロダクションが年に一度、主催する「オータムフェス」で初めて、観客の前に姿を現わした彼女たちは、紆余曲折がありながらも、みごとなステージングを披露してくれた。この後の活躍にも期待が膨らむばかりだ。

鷺沢文香

SAGISAWA FUMIKA

読書が好きで、引っ込み思案な性格だった文香だが、Project:Kroneに選出されたことで大きな転機が。みずからの可能性に前向きに挑む。

速水 奏

HAYAMI KANADE

「NEXT LEGEND」として、３４６プロダクションが強くプッシュする奏。大人びた容姿だけでなく、抜群のパフォーマンス力も彼女の魅力。

橘ありす

TACHIBANA ARISU

Project:Kroneでは最年少となる12歳。愛らしい外見とはうらはらに、しっかりとした芯を持つ女の子だ。ステージでは文香とコンビを組む。

塩見周子

SHIOMI SYUKO

色白の肌に銀髪という、何とも不思議な雰囲気を漂わせた周子。見慣れた風景も、彼女が佇んでいるだけでどこか違う世界に見える。

大槻 唯

OHTSUKI YUI

アイドルとしてすでに活躍していた唯だが、Project:Krone内ではそれまでのギャルキャラを封印して、また違った一面を見せてくれる。

宮本フレデリカ

MIYAMOTO FREDERICA

日本人とフランス人のハーフというフレデリカは、快活な性格がチャーミング。セクシーななかにも凛とした空気を漂わせる。

美城常務が主導する346プロダクションの新大型プロジェクト

アメリカから帰国し、346プロダクションの改革に着手した美城常務。彼女が主導する社内改革の中でも、特に大きな目玉となったのが、アイドル事業の一本化、そして新プロジェクト「Project:Krone」の発足だ。この新プロジェクトは、プロダクションに所属するすべてのアイドルの中から、よりすぐりのメンバーを選出。新たなブランドイメージのもとで売り出していこう、というもの。クールなそのイメージは、宣材写真からもうかがえる。

美城常務によって選ばれたメンバーたち。そのうち6人のメンバーが先行してデビューする

アナスタシアがソロデビュー！

Project:Kroneの影響は当然、シンデレラプロジェクトにも及び、アナスタシアと渋谷凛の2人が選出。そのうちアナスタシアは、LOVE LAIKAとの両立に悩みながらも、新たな「冒険」を選ぶ。そのとき彼女の脳裏に浮かんでいたのは、大切なパートナーである新田美波のかつてのことば……。固いきずなはそのままに、アナスタシアは新たな扉を開く。

アナスタシアの背中を押したのは、Project:Kroneに選ばれた文香、そして神崎蘭子と美波のことば。みんなの声援を受けて、新たな一歩を踏みだす。

新ユニット・Triad Primus結成！

きっかけは以前、練習で奈緒&加蓮とハーモニーを奏でたこと。それが偶然、美城常務の耳に留まり、凛は2人との新ユニット・Triad Primusとしてのデビューを打診される。まよいながらも、新たなチャレンジに心ひかれる凛……。しかし盟友の未央、そして卯月に背中を押されて、彼女もまたプロジェクトへの参加を決める。その決断はまた、凛の成長を感じさせるものだった。

年に一度の大イベント・オータムフェスで初ステージを踏む!

いよいよ10人のメンバーが正式に決定し、着々と準備が進むProject:Krone。その初披露の場も、346プロダクションの年に一度の晴れ舞台「オータムフェス」に決まった。奏が抜群の歌唱力で観客を魅了すれば、アナスタシアは初ソロステージをみごとに乗り切り、会場は大盛り上がり! 途中、文香が体調不良で倒れてしまうというトラブルがあったものの、周子とフレデリカ、唯の3人によるトリオユニット、そして文香とありすのコンビもパフォーマンスを披露。初めての舞台をみごとに走り切ったのだった。

⬅前半戦に登場した速水奏はソロ曲「Hotel Moonside」を披露。圧巻のステージングで実力を知らしめた

⬆美波がステージ脇で見守るなか、初めてのソロステージに挑むアナスタシア。切ない情感を漂わせたソロ曲「Nebula Sky」を歌い切ってみせた

⬅「オータムフェス」の後半戦に登場した、周子とフレデリカ、唯の3人。舌をペロリと出すなど、フレデリカは余裕の表情

➡極度の緊張で倒れてしまった文香だが、少しの休憩の後に復帰。ありすとのステージを乗り切ってみせた。ここが彼女たちの第一歩!

⬆凛・奈緒・加蓮によるTriad Primusは、ここで名曲「Trancing Pulse」を披露。息がぴったりとあったハーモニーで会場の観客を別世界へと連れていく

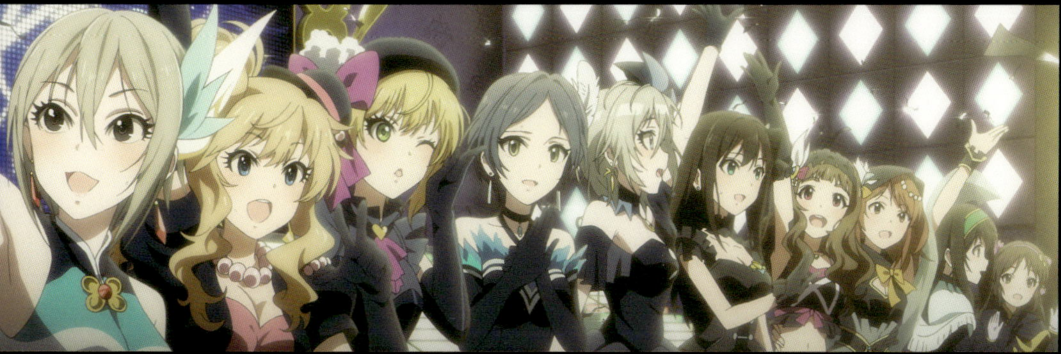

⬅初めての舞台を完走し、充実した表情の10人。ここでの経験が彼女たちを、さらなる飛躍に導いていくはずだ

Special Interview to Producer

May'n

アニメをきっかけに“プロデューサー”になったというMay'n
歌手である彼女は、本作をどのように楽しんだのか？
みずからのことばで熱く語る特別企画！

メイン／歌手。'89年10月21日生まれ。愛知県出身。'08年「マクロスF」でシェリル・ノームの歌を担当しブレイク。'15年8月にはデビュー10周年記念コンサートとして4度目の日本武道館で開催。'17年1月からはMay'n ASIA TOUR 2017「OVER ∞ EASY」を開催

「凛ちゃんに心を撃ち抜かれました」

——まず、この作品に出会ったきっかけからおうかがいしたいのですが。

May'n　もともと「アイドルマスター」自体は存じ上げていたので、たまたま第1話を「ちょっと見てみよう」ぐらいの感じで見たんです。そしたら、凛ちゃんの登場シーンにすごく衝撃を受けまして。卯月が行ったお花屋さんで店員さんの顔がなかなか映らなくて、最後にふっと凛ちゃんの顔がアップになった瞬間、オーラに圧倒されて心を撃ち抜かれたのがきっかけでした（笑）。女の子のリアルな心情やステージに立つうえでの思いに共感する部分もすごく多くて、どんどんひき込まれていきましたね。

——new generationsの3人が、最初にすてきなステージに立ってから壁にぶつかって、成長していく心の動きにも、本当にリアルさがあると思います。

May'n　でも私、その美嘉姉のうしろで踊るところもすごく好きなんですよ。ポップアップで飛び出してきたときにスローモーションになって、コンサートライトを初めて見て「わー！」って表情になるところにすごく震えたんです。というのも、自分も初めてその

My Favorite Idol
May'n

担当アイドル

渋谷凛

すべてが好きです！　クールな黒髪ロングな見た目も、「アンタが私のプロデューサー？」ってせりふでも「はー！（※興奮）」ってなりましたし。でも終盤、「やだ！」って声を荒げて自分をさらけ出す姿には成長が見えて、そこもすごく好きでした。

光景を見たときにあんな感じで。ドキドキしながら出番を待って、飛び出た瞬間の「何これ!?」っていうときめきが、その先のステージに立ちたいという原動力になったんじゃないかなと思いますし。しかも最終話でそれと同じような光景が出てきて対比になるのも、すごくいいですよね。

――3人で飛び出していくシーンは、ヤマ場でたびたび出てきます。

May'n　ストーリー上での、そのつながりもすごいと思うんですよ。サマーフェスでニュージェネの3人がステージに飛び出すときには「チョコ・レー・ト！」って言ったじゃないですか？　それを見ていた奈緒と加蓮が、Triad Primusとしての初ステージを踏む直前に3人で「チョコ・レー・ト！」って叫んで出て行ったとき、思わず「サマーフェスのヤツだー！」ってなりまして（笑）。しかもそれが、仲間だけどライバルである未央と卯月からの心からの「頑張ってね」を受けて、凛が2人を引っ張ってから出てきたことばだったので「ぅわー！」ってなりましたね。

――その卯月の、終盤の姿も心に残って離れないところですよね。

May'n　そうですね。いったん戻った養成所でもサイドステップばかりやっていたり、ひとり階段を駆け降りちゃうシーンがあったりと唯一前に進んでいなかった卯月が、初めて少しずつプロデューサーさんに手をひかれて自分の足で前に出て「S(mile)ING!」を歌うところでは、「卯月よかったね！」って思いました。歌声も「あ、私楽しい！」っていう心からの、凛ちゃんがアイドルになるきっかけにもなった卯月だけの笑顔で歌っているシーンにピッタリの歌声で、胸が熱くなりました。

――ちなみに、シンデレラプロジェクト以外のアイドルで気になっている子はいますか？

May'n　奈緒が好きです。見た目とかもなんですけど、ちょっとおちゃめというか。大事な話をするときにおもちゃ付きのハンバーガーセットを買ってたり（笑）、そういうところがかわいくて。でも「自分は負けたくない」っていう心をもった強い子でもありますよね。「実は頑張ってて、前のめりで夢がある」子にひかれるのかもしれません。あと、実はプロデューサーさんも推しメンで(笑)。アイドルだけじゃなくて、彼も成長してるのがわかるんですよね。ぶっきらぼうだけど、常にちゃんとアイドルたちのことを考えて支えている、すごく愛を感じる人だなぁって思いました。

――そして楽曲についてもおうかがいしたいんですが、ズバリ、お気に入り曲は？

May'n　めっちゃまようんですけど……いちばん聴いたのは「Shine!!」です。シンデレラが魔法でキラキラしたお城を一度見れたその後の、12時過ぎの魔法を探しているこの曲が、ストーリーとリンクしていていいOPだなと思いながら見ていました。あと「Ø ω Øver!!」は曲自体もすばらしいんですけど、全然正反対な2人が互いを認めて頑張っていくまでのドラマもすごく好きで。しかも2nd SEASONで、最初にユニットの心配をしたのってみくにゃんなんですよね。最初はあんなに嫌がってたのに、このユニットがそれだけ大きな存在になってたんだなぁって……みたいなことを、誰かといっしょに鑑賞して語りたいんですよ！　Blu-rayを見ながらみんなで叫んだり、ことばにできない涙のシーンでいっしょに感動したり。そういう鑑賞会がしたい！

――本編はもちろん、ライブ映像の鑑賞会があっても楽しそうですね。

May'n　そうですね。今まで私、自分のライブとかぶってて全然行けなくて。先日Triad Primusさんとイベントでごいっしょさせていただいたときも、スケジュールの関係で彼女たちの出演時間〝だけ〟見れなかったんです（笑）。唯一見させてもらったのがサマフェス（Summer Festiv@l 2015）だったんですが、観客としてアニメイベントへの参加は初だったので、すごい衝撃がありました。いちばん最初の武内さんの「同僚の皆さん」のことばに「はーい！（※全力で挙手）」ってなりまして（笑）。なので最近の夢は、皆さんに紛れてプロデューサーとしていっしょにライブに参加することなんです！

――やっぱり、ライブを含めて今後の展開にも期待させられますよね。

May'n　この作品って、いつまでも夢を見させてくれるんじゃないかっていう、始まりをすごく感じるんですよね。みんなでいろんな事を乗り越えて何度すてきな景色を見れたとしても、もっともっと大きな景色やきずながあるんじゃないかって思えるんです。みんなすごく負けず嫌いだし、だけど優しくてきずながあって……アイドルって、ステージに立つキラキラしたみんなのあこがれの存在だと思うんです。そのために頑張っているみんなの姿を見ると、自分自身もそれぞれのステージでのキラキラを探すために頑張ろう、って思えるので……だから、「アイドルって、最高だ！」って思います！

――では最後に、「アイドルマスター シンデレラガールズ」はMay'nさんにとってどんな存在か、お教えいただけますか？

May'n　自分自身、May'nとしてのやりがいをも感じさせてもらえた作品です。アニメだからこそ、現実のアイドルのドキュメンタリーでは見せられないような、悔しい気持ちやひとりで悩む部分も描けた、本当のアイドルのノンフィクションなんじゃないかな？と思いながら見ていました。だから普通にプロデューサーとしても見つつ、「こんなにキラキラしたものを、自分で感じながら誰かにも感じてもらえる場所に立てているんだ」という事もすごく感じたんですよね。だから、ステージに立たせてもらえる喜びや自分が歌ったりステージに立つ意味を感じて、プライドをなくさずにステージからみんなにキラキラしたものを届けたい、って思いました。そんな、ひとりのファンとしても女の子としても、そしてアーティストとしてもたくさん教えてもらえた、バイブルとなる作品だと思います。

Best Scene
May'n

お気に入りのシーンもいっぱいあってまようんですが……まずはTriad Primus結成までの過程ですかね。まだ確固たるときめきを感じていなかった凛ちゃんが、最初に３人でリハーサル室で声を重ねた瞬間や本格的なリハーサルでハーモニーを重ねたときにときめきを感じて、初めて自分自身で「これだ」って決めて。それから３人でステージに初めて立ったときに「やっぱりこれだ」ってそれをフロントで確信したり、サイドの２人はペンライトの海を見て「楽しい！」って緊張がどんどん和らいでいったり……だから、「Trancing Pulse」はやっぱり神曲だなって思います。

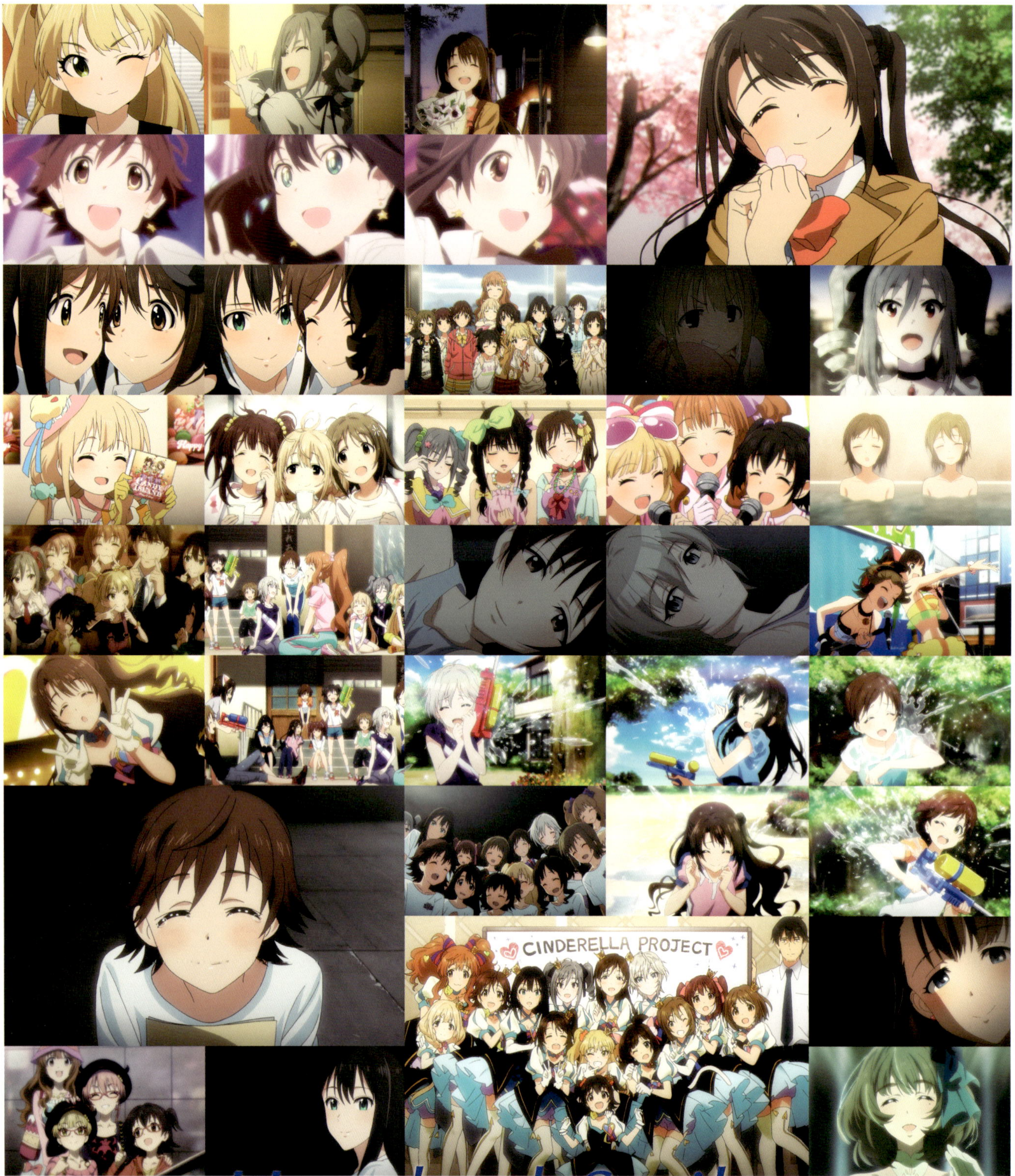

Hundred Smiles

~Newtype special selection~

本編を彩ったアイドルたちの笑顔を、100カットピックアップ！

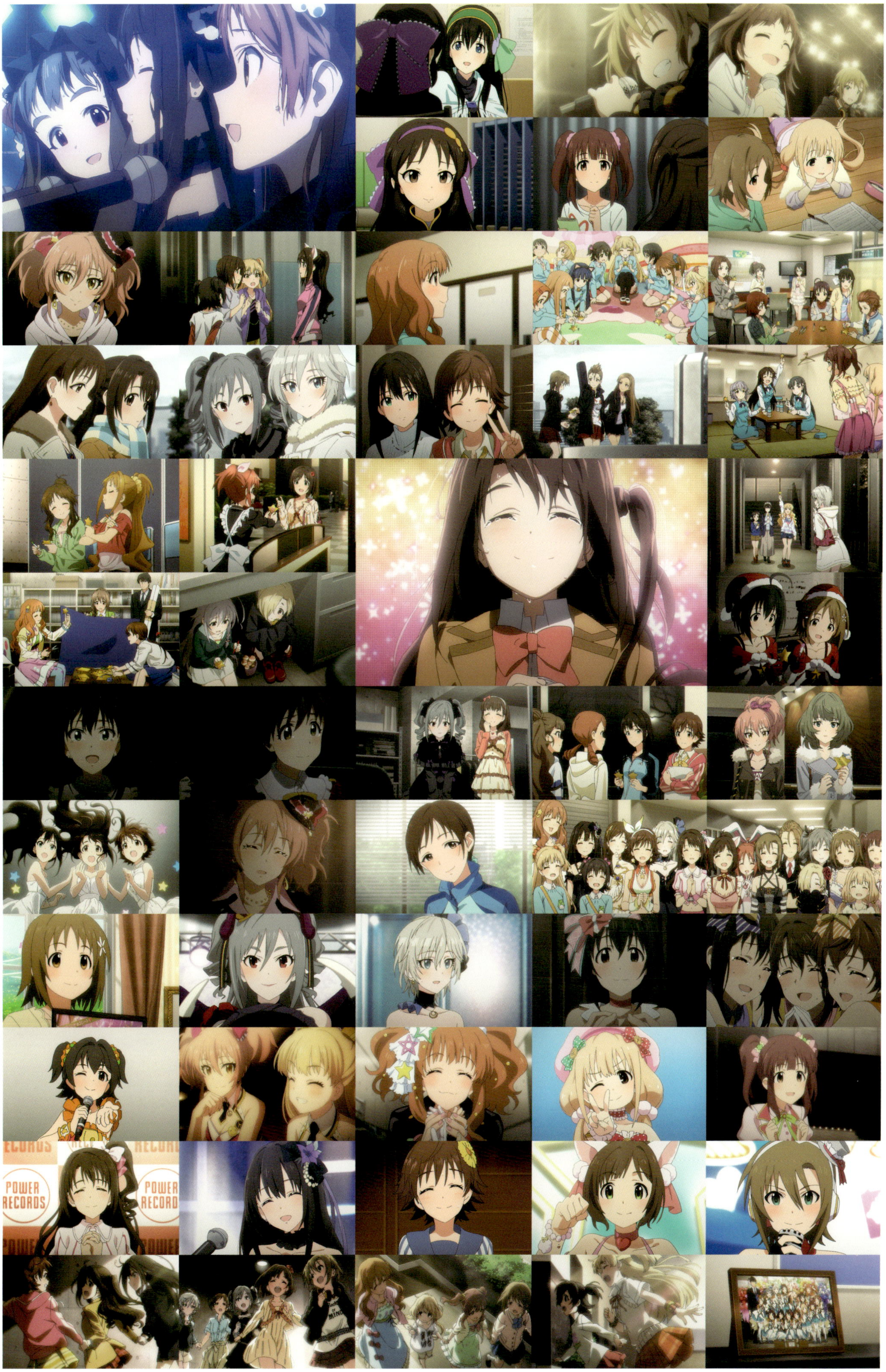
POWER
RECORDS

TOHO CINEMAS SHINJUKU
EVENT POSTER

'15年4月16日にニュータイプ30周年記念イベントの一環として、グランドオープン前夜のTOHOシネマズ新宿にて1st SEASON一挙上映会が開催された。このポスターは本イベントのためだけに１日限りで映画館に掲示されたもの

THE IDOLM@STER《アイドルマスター》
CINDERELLA《シンデレラ》 GIRLS《ガールズ》
VISUAL《ビジュアル》 FAN《ファン》 BOOK《ブック》

ニュータイプ編

2016年 8 月10日　初版発行
2018年10月16日　第４刷発行

発行者　青柳昌行

発　行　株式会社 KADOKAWA
東京都千代田区富士見 2-13-3　〒102-8177
電話　0570-002-301（ナビダイヤル）
受付時間 11：00～13：00、14：00～17：00（土日、祝日を除く）
http://www.kadokawa.co.jp/

編集企画　コミック＆キャラクター局　ニュータイプ編集部

企　画　角清人

編　集　土方耕平

取材・執筆　中里キリ
宮昌太朗
須永兼次
細川洋平
仲上佳克

撮　影　山口宏之（P.76~83、P.88~100）
福岡諒祠（P.84~87）

ヘアメイク　addmixB.G
花嶋麻希
樋笠加奈子
福田まい
松井祥子
山本小百合

Sweets
小菅美穂子

スタイリング　Ayuchi
鎌田里美

宮先範江

衣装協力　Crisp ラフォーレ原宿店
Linetta 新宿ルミネエスト店
BURLESQUE
アンティローザ
holiday
Vannie
F i.n.t

監　修　バンダイナムコエンターテインメント
アニプレックス
A-1 Pictures
日本コロムビア

デザイン　LUCK'A Inc.　枡野考平

印刷・製本　株式会社廣済堂

カバー／ピンナップイラスト

原画：河野恵美　仕上げ：横田明日香　特効：久保田彩（グラフィニカ）
フィニッシュワーク：佐久間悠也

スペシャルサンクス

アセンブルハート株式会社
エイベックス・ピクチャーズ株式会社
株式会社EARLY WING
株式会社ＩＡＭ
株式会社アーツビジョン
株式会社アイムエンタープライズ
株式会社青二プロダクション
株式会社アトミックモンキー
株式会社アミューズ
株式会社イエローキャブ NEXT
株式会社インテンション
株式会社 81 プロデュース
株式会社 m&i
株式会社大沢事務所
株式会社尾木プロ THE NEXT
株式会社賢プロダクション
株式会社サンミュージックプロダクション
株式会社ネヴァーフンド・アーツ
株式会社ヴィムス
株式会社フォーチュレスト
株式会社ぷろだくしょんバオバブ
株式会社ホリプロ
株式会社マウスプロモーション
東京俳優生活協同組合
有限会社プロ・フィット
有限会社ホーリーピーク
江戸切子協同組合
株式会社エムオン・エンタテインメント
リスアニ！編集部
大麻町商工会
株式会社学研プラス
メガミマガジン編集部
株式会社サガン・ドリームス
株式会社秦流舎
株式会社東急ハンズ
日本商工会議所
日本天文愛好者連絡会
株式会社ビームス
株式会社プレビジョン
spoon.2Di 編集部
株式会社ローソン
株式会社ロッテリア
和傘愛好会
株式会社 KADOKAWA
東京ウォーカー編集部

落丁・乱丁本は、送料小社負担にて、お取り替えいたします。
KADOKAWA 読者係までご連絡ください。
（古書店で購入したものについては、お取り替えできません）
電話 049-259-1100（9:00 ～ 17:00 ／土日、祝日、年末年始を除く）
〒354-0041　埼玉県入間郡三芳町藤久保 550-1

Printed in Japan
ISBN 978-4-04-103761-4 C0076